高校入試

中学うんこ英単語

カード

1000

1000 ENGLISH WORDS
WITH UNKO

BUNKYOSHA

もくじ
CONTENTS

●

●

●

読者の皆様へ

●

高校入試 中学うんこ英単語カード 1000 の特長

・本書は『高校入試　中学うんこ英単語1900』に掲載されている英単語の中から，定期試験や高校入試に頻出の1,000語を厳選して収録しています。

・ミシン目に沿ってカードを切り離し，市販のカード用リングでとじて使いましょう。

カード用リングは文房具屋さんや100円ショップなどで売ってるぞい。

・すべてのカードにうんこ例文を掲載しています。うんこ例文を読みながら，楽しく英単語を覚えましょう。

・中学校で学習する英単語を徹底的に分析し，特に重要な1,000語を厳選して収録しています。カードを持ち運び，いつでもどこでも英単語学習をしましょう。

・英単語を使った熟語や動詞の活用などの，重要な情報も載っています。例文とあわせて確認して覚えるようにしましょう。

・英検® 級の目安も提示しているので，英検® 対策として使うこともできます。

カードの構成

オモテ

見出し語 ●

番号

英検®マーク
英検®によく出る英単語にマークをつけています。

発音記号・カナ発音
英単語の発音の目安をカタカナで示しています。

うんこ例文

活用形など
注意を要する変化形や活用形，熟語などをまとめています。

ウラ

見出し語の意味
品詞と意味を示しています。

熟語の意味
熟語の意味は裏面にあります。熟語の形と意味もセットで覚えるようにしましょう。

動 ～を手に入れる PART 1 | 0006 | 5級

熟語 起きる，～に着く

あなたはうんこを操る能力を得るだろう。

記号と表記

品詞

動 動詞 　　**名** 名詞 　　**代** 代名詞

形 形容詞 　　**副** 副詞 　　**助** 助動詞

前 前置詞 　　**接** 接続詞 　　**間** 間投詞

発音記号・カナ発音

　　発音記号は辞書や教科書によって表記が異なることがあります。

　　英単語の発音の目安をカタカナで示しています。正しい発音に近づけるための，あくまでも参考としてください。

つづり注意・アクセント注意・発音注意

つづり つづりに注意を要する英単語です。

アクセント アクセントの位置に注意を要する英単語です。

発音 発音に注意を要する英単語です。

英検®マーク

　　英検®によく出る単語には，その級のマークをつけています。級の表記は目安ですので，学習の際はあくまでも参考としてください。

5級 5級 　**4級** 4級 　**3級** 3級 　**準2級** 準2級 　**2級** 2級

英検®は，公益財団法人 日本英語検定協会の登録商標です。このコンテンツは，公益財団法人 日本英語検定協会の承認や推奨，その他の検討を受けたものではありません。

うんこの表記について

　英語で「うんこ」は poop などと言いますが，この本
では unko と表記しています。

　unko は不可算名詞として扱っています。「うんこ」を
使った英語の表現をいくつか確認しておきましょう。

うんこをする	do unko
うんこをもらす	do unko in *one's* pants
1 つのうんこ	a piece of unko
2 つのうんこ	two pieces of unko

高校入試　中学うんこ英単語カード 1000

作　者	古屋雄作	発 行 者	山本周嗣
デザイン	小寺練＋神戸順	発 行 所	株式会社文響社
企画・編集	品田晃一		〒105-0001
英文作成・	Joseph Tabolt		東京都港区虎ノ門 2-2-5　共同通信会館 9F
校閲			ホームページ　https://bunkyosha.com
			お問い合わせ　info@bunkyosha.com
		印　　刷	日本ハイコム株式会社
		製　　本	古宮製本株式会社／有限会社高田紙器工業所

PART **1**

PART **1**

PART **1**

PART **1**

PART **1**

PART **2**

PART **2**

PART **2**

PART **2**

PART **3**

PART **3**

PART **3**

have

[hæv] ヘァヴ

3単現 has　活用 had-had
熟語 have to 〜

I <u>have</u> a piece of unko which can prove it.

go

[gou] ゴウ

3単現 goes　活用 went-gone

<u>go</u> to a department store to buy unko

like

[laik] ライク

My uncle <u>likes</u> unko stories.

say

[sei] セイ

活用 said-said

Please <u>say</u> "unko" into this microphone.

動 ～を持っている，食べる

きょうだいやペットが「いる」
と言うときにも使います。

熟語 ～しなければならない

私は証拠となるうんこを<u>持っています</u>。

動 行く

百貨店にうんこを買いに<u>行く</u>

動 ～が好きだ

私のおじはうんこの話が<u>好きです</u>。

動 ～と言う

このマイクに向かって「うんこ」と<u>言って</u>ください。

want

[wɑnt] ワント

I <u>want</u> a backpack to carry unko.

get

[get] ゲッ

ing形 getting　活用 got-gotten, got
熟語 get up, get to ~

You will <u>get</u> the ability to control unko.

see

[siː] スィー

活用 saw-seen

climb on a big piece of unko to <u>see</u> far away

come

[kʌm] カム

活用 came-come

The star of the unko world is <u>coming</u> from the U.S.

動 〜がほしい

うんこを持ち運べるリュックが<u>ほしい</u>。

動 〜を手に入れる

熟語 起きる，〜に着く

あなたはうんこを操る能力を<u>得る</u>だろう。

動 〜を見る，〜に会う

大きなうんこにのって遠くを<u>見る</u>

動 来る

アメリカから，うんこ界のスターがやって<u>来る</u>。

know

[nou] ノウ （発音）

（活用）knew-known

Do you <u>know</u> the correct way to hold unko?

play

[plei] プレイ

use a piece of unko instead of a ball to <u>play</u> table tennis

thank

[θæŋk] セァンク

（熟語）Thank you for ～.

Our whole family <u>thanks</u> you for your unko.

look

[luk] ルック

（熟語）look at ～
look for ～

<u>Look</u> carefully at your unko again.

PART 1 必修レベル

動 ～を知っている

k は発音しません。

うんこの正しい持ち方を<u>知って</u>いますか?

動 (スポーツ) をする,
　　(楽器) を演奏する

ピンポン玉の代わりにうんこを使って卓球を<u>する</u>

動 ～に感謝する

熟語 ～をありがとう。

あなたのうんこには家族一同<u>感謝</u>しています。

動 見る, ～に見える

熟語 ～を見る
　　　 ～をさがす

「～のように見える」は look like ～と
言います。

もう一度自分のうんこをよく<u>見て</u>ごらん。

make

[meik] メイク

活用 made-made

My grandfather <u>makes</u> works of art out of unko.

take

[teik] テイク

活用 took-taken
熟語 take care of ～

John <u>took</u> not a gun, but a piece of unko.

study

[stʌ́di] スタディ

3単現 studies

I want to go to college to <u>study</u> unko.

use

[juːz] ユーズ

She <u>uses</u> a shovel when she takes unko with her somewhere.

動 〜を作る，
（make A Bで）AをBにする

私の祖父はうんこで芸術作品を作ります。

動 〜を手に取る，持っていく

熟語 〜の世話をする

「ふろに入る」，「写真をとる」というときにも使います。

ジョンは銃ではなくうんこを手に取った。

動 〜を勉強する

大学に行ってうんこについて勉強したい。

動 〜を使う

彼女はうんこを持ち運ぶときスコップを使います。

help

PART 1 | 0017 | 5級

[help] **ヘゥプ**

Could you <u>help</u> me line up the pieces of unko in the schoolyard?

give

PART 1 | 0018 | 5級

[giv] **ギヴ**

活用 gave-given
熟語 give up ～

God <u>gave</u> infinite charm to unko.

visit

PART 1 | 0019 | 4級

[vízit] **ヴィズィッ**

The teacher takes unko with her when she <u>visits</u> students' homes.

enjoy

PART 1 | 0020 | 5級

[indʒɔ́i] **インヂョイ** アクセント

熟語 enjoy ～ing

You need to <u>enjoy</u> doing unko more without worrying about it.

動 ～を手伝う
名 助け

うんこを校庭に並べるのを<u>手伝って</u>もらえますか。

動 ～を与える

熟語 ～をあきらめる

神はうんこに無限の魅力を<u>与えた</u>。

動 ～を訪問する
名 訪問

先生がうんこを持って生徒の家庭を<u>訪問する</u>。

動 ～を楽しむ

熟語 ～することを楽しむ

もっと気楽にうんこを<u>楽しみ</u>なよ。

learn

[ləːrn] ラ～ン

Today, let's <u>learn</u> how to throw unko long distances.

work

[wəːrk] ワ～ク

<u>work</u> at a factory that packs unko in boxes

find

[faind] ファインド

活用 found-found

By the river, I <u>found</u> a piece of unko with hands and legs.

live

[liv] リヴ

If you <u>live</u> in this country, you can do unko more freely.

動 ～を学ぶ，習う

PART 1 | 0021 | 4級

今日はうんこを遠くへ飛ばす方法を学びましょう。

動 働く
名 仕事

PART 1 | 0022 | 5級

うんこを箱詰めにする工場で働く

動 ～を見つける

PART 1 | 0023 | 4級

川原で，手足のあるうんこを見つけた。

動 住む，暮らす

PART 1 | 0024 | 5級

この国に住めば，もっと自由にうんこができる。

tell

[tel] テゥ

活用 told-told
熟語 tell 人 to 〜

We have to <u>tell</u> the teacher that the roof is covered in unko.

stay

[stei] ステイ

I did unko in my pants seven times when I <u>stayed</u> in Hawaii.

ask

[æsk] エァスク

熟語 ask 人 to 〜

You should <u>ask</u> him anything you don't understand about unko.

write

[rait] ライト

活用 wrote-written

I <u>wrote</u> a poem with the title "Unko."

動 ～を伝える

熟語 （人）に～するように言う

屋上がうんこまみれになっていることを先生に<u>伝え</u>な
ければ。

動 滞在する
名 滞在

ハワイに<u>滞在した</u>とき，7回もうんこをもらした。

動 ～にたずねる，～に頼む

熟語 （人）に～するように頼む

うんこについて分からないことは彼に<u>たずねる</u>とよい。

動 ～を書く

「うんこ」というタイトルの詩を<u>書き</u>ました。

read

[riːd] リード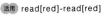

活用 read[red]-read[red]

~~~~~~~~~~~~~~~~~~~~~~~~~~~~~~~~

I read the manual carefully, but I can't find how to flush my unko.

start

[stɑːrt] スタート

~~~~~~~~~~~~~~~~~~~~~~~~~~~~~~~~

OK. We're all here, so let's start doing unko.

call

[kɔːl] コーゥ

熟語 call back

~~~~~~~~~~~~~~~~~~~~~~~~~~~~~~~~

If you flush my unko without asking again, I'll call the police.

speak

[spiːk] スピーク

活用 spoke-spoken

~~~~~~~~~~~~~~~~~~~~~~~~~~~~~~~~

a piece of unko that speaks German

動 ～を読む

何度説明書を<u>読んで</u>も，うんこの流し方が書いていない。

動 ～を始める，始まる

さあ。みんなそろったのでうんこを<u>始め</u>ましょう。

動 ～を呼ぶ，～に電話する

熟語 折り返し電話する

今度ぼくのうんこを勝手に流したら，警察を<u>呼ぶ</u>よ。

動 ～を話す，話す

ドイツ語を<u>話す</u>うんこ

begin

[bigín] ビギン (アクセント)

活用 began-begun
熟語 begin to ～

We can't <u>begin</u> the meeting because the principal has gone to do unko.

hear

[hiər] ヒアァ

活用 heard-heard
熟語 hear from ～

When you <u>hear</u> the signal, do unko immediately.

listen

[lísn] リスン

熟語 listen to ～

My father always <u>listens</u> to Bach when he does unko.

become

[bikʌ́m] ビカム

活用 became-become

If you take this medicine, you will <u>become</u> unko from the neck up.

動 ～を始める，始まる

熟語 ～し始める

校長がうんこに行ってしまったので会議が始められません。

動 ～が聞こえる

熟語 ～から連絡をもらう

合図が聞こえたら，直ちにうんこをせよ。

動 聞く

熟語 ～を聞く

t は発音しません。

父はうんこをするとき必ずバッハを聞く。

動 ～になる

この薬を飲むと首から上がうんこになる。

open

[óupən] オウプン

If you put this piece of unko into the keyhole, the door should <u>open</u>.

walk

[wɔːk] ウォーク

熟語 take a walk

I dragged unko behind me and <u>walked</u> aimlessly.

wait

[weit] ウェイト

熟語 wait for 〜

<u>wait</u> for the unko I ordered at the entrance

send

[send] センド

活用 sent-sent

<u>send</u> unko to my parents in my hometown

動 ～を開く，開く
形 開いている

このうんこを鍵穴にはめれば，扉が<u>開く</u>はずだ。

動 歩く
名 散歩

熟語 散歩する

うんこをひきずって，あてもなく<u>歩いた</u>。

動 待つ

熟語 ～を待つ

注文したうんこの到着を玄関の前で<u>待つ</u>

動 ～を送る

ふるさとの両親にうんこを<u>送る</u>

meet

[miːt] ミート

活用 met-met

You're meeting a client, but you haven't prepared any unko?

teach

[tiːtʃ] ティーチ

3単現 teaches
活用 taught-taught

I'll teach you a new way to do unko.

show

[ʃou] ショウ

活用 showed-shown, showed

Steven showed me his unko without any problem.

drink

[driŋk] ドゥリンク

活用 drank-drunk

My grandfather always does unko while he is drinking cola.

動 ～に会う

取引先と<u>会う</u>のに，うんこも用意していないのか。

動 ～を教える

うんこの新しいやり方を<u>教えて</u>あげるよ。

動 ～を見せる

スティーブンはあっさりとうんこを<u>見せてくれた</u>。

動 ～を飲む

私の祖父はいつもコーラを<u>飲み</u>ながらうんこをします。

feel

[fiːl] フィーゥ

活用 felt-felt

<u>Feel</u> the unko with the bottom of your foot.

let

[let] レッ

ing形 letting
活用 let-let

<u>Let's</u> combine everyone's unko into one piece.

hope

[houp] ホウプ

I <u>hope</u> you will forgive me for the unko matter.

buy

[bai] バイ

活用 bought-bought

Is it illegal for minors to <u>buy</u> unko?

動 感じる, 〜を感じる

足の裏でうんこを<u>感じて</u>ごらん。

動 (let's 〜で) 〜しよう, 〜させる

let's は let us の短縮形です。

みんなのうんこを 1 個にまとめて<u>みよう</u>よ。

動 〜を望む
名 希望

きみがうんこの件を許してくれることを<u>望みます</u>。

動 〜を買う

未成年がうんこを<u>買う</u>のは違法なんですか?

understand

[ˌʌndərstǽnd] アンダス**タァ**ンド （アクセント）

活用 understood-understood

Does he really have the will to understand unko?

need

[niːd] ニード

There are people in the world who need unko.

eat

[iːt] イート

活用 ate-eaten

I can turn anything I eat into unko in one second.

mean

[miːn] ミーン

活用 meant-meant

That gesture means "I'm going to do unko in my pants."

動 ～を理解する

PART 1　0049　4級

彼は本当にうんこを<u>理解し</u>ようという気があるのだろうか。

動 ～を必要とする

PART 1　0050　4級

世の中にはうんこを<u>必要としている</u>人もいるんだよ。

動 ～を食べる

PART 1　0051　5級

私は何を<u>食べ</u>ても1秒でうんこに変えられます。

動 ～を意味する

PART 1　0052　4級

あのジェスチャーは「うんこがもれそうだ」<u>という意味だ</u>。

clean

[kli:n] クリーン

Don't do unko on the floor that I just have <u>cleaned</u>.

smile

[smail] スマイゥ

(熟語) with a smile

My mother is <u>smiling</u> gently with unko in both hands.

love

[lʌv] ラヴ

Today, people who <u>love</u> unko will gather in Tokyo.

agree

[əgríː] アグリー (アクセント)

(熟語) agree with ~

I can't <u>agree</u> with his opinion on unko.

動 〜をそうじする
形 清潔な

そうじしたばかりの床にうんこをしないでください。

動 ほほえむ
名 ほほえみ

熟語 笑顔で

母が両手にうんこを持ってやさしくほほえんでいる。

動 〜を愛する
名 愛

今日，うんこを愛する人たちが東京に集う。

動 同意する

熟語 〜に賛成する

彼のうんこに関する考え方には同意しかねます。

cook

[kuk] **クック**

People who are good at <u>cooking</u> are also good at doing unko.

finish

[fíniʃ] **フィニシ**

3単現 finishes
熟語 finish ～ing

It's impossible for me to <u>finish</u> doing unko in two seconds.

worry

[wə́ːri] **ワ～リィ**

3単現 worries

You don't have to <u>worry</u> about unko anymore.

swim

[swim] **スウィム**

ing形 swimming
活用 swam-swum

Yes, there is a way to <u>swim</u> and do unko.

動 ～を料理する，料理する PART 1 | 0057 | 5級

料理が上手な人はうんこをするのも上手い。

動 ～を終える PART 1 | 0058 | 4級

熟語 ～し終える

あと2秒でうんこを終わらせろなんて無理だ。

動 心配する，～を心配させる PART 1 | 0059 | 3級

うんこのことはもう心配しなくて大丈夫だよ。

動 泳ぐ PART 1 | 0060 | 5級

はい，うんこをしながら泳ぐ方法もありますよ。

join

PART 1 | 0061 | 4級

[dʒɔin] **ヂョイン**

Please <u>join</u> the Unko Protection Association.

bring

PART 1 | 0062 | 4級

[briŋ] ブリング

活用 brought-brought

<u>Bring</u> me packing tape and unko from the shed.

move

PART 1 | 0063 | 4級

[muːv] **ムーヴ**

When I <u>moved</u> the rock, there was unko inside.

believe

PART 1 | 0064 | 3級

[bilíːv] ビリーヴ

熟語 believe in ~

Please <u>believe</u> in me and hand me your unko.

動 ～に加わる

ぜひ「うんこを守る会」に<u>加わって</u>ください。

動 ～を持ってくる

倉庫からガムテープとうんこを<u>持ってきて</u>。

動 ～を動かす，感動させる

岩を<u>動かす</u>と，奥にうんこが隠されていた。

動 ～を信じる，信じる

熟語 ～を信用する

お願いだから私を<u>信じて</u>うんこを預けてください。

run

PART 1 | 0065 | 5級

[rʌn] ラン

ing形 running
活用 ran-run

The man <u>running</u> with unko on his shoulders over there is my father.

turn

PART 1 | 0066 | 5級

[tə:rn] ター〜ン

熟語 turn on ~
turn off ~

It seems the bus can't <u>turn</u> because your unko is in the way.

stop

PART 1 | 0067 | 5級

[stɑp] スタップ

ing形 stopping
熟語 stop ~ing

Please <u>stop</u> acting violently to unko.

change

PART 1 | 0068 | 4級

[tʃeindʒ] チェインヂ

Even doing unko in your pants will <u>change</u> into a beautiful memory.

動 走る

あそこでうんこをかついで<u>走っている</u>男が父です。

動 曲がる
名 順番

熟語 ～（のスイッチ）を入れる
～を消す

きみのうんこが邪魔でバスが<u>曲がれ</u>ないようだ。

動 ～をやめる，止まる

熟語 ～することをやめる

うんこに暴力をふるうのは<u>やめなさい</u>。

動 ～を変える，変わる
名 おつり

うんこをもらしたことも，美しい思い出に<u>変わる</u>だろう。

happen

[hǽpən] ヘァプン

If you treat unko carelessly, something bad will <u>happen</u>.

sing

[siŋ] スィング

活用 sang-sung

Let's <u>sing</u> the hit song "Don't Stop Doing Unko" together.

keep

[kiːp] キープ

活用 kept-kept

a device that can <u>keep</u> unko for 1,000 years

sound

[saund] サウンド

It <u>sounds</u> like an earthquake when my father does unko.

動 起きる

うんこを粗末に扱うとよくないことが起きるよ。

動 歌う，〜を歌う

ヒット曲「うんこを止めないで」をみんなで歌おう。

動 〜を保持する，（keep
　　A Bで）AをBにしておく

うんこを 1,000 年間保持しておける装置

動 〜に聞こえる
名 音

父のうんこの音は地響きのように聞こえる。

catch

[kætʃ] ケァッチ

3単現 catches
活用 caught-caught

training to catch flying pieces of unko

fall

[fɔ:l] フォーゥ

活用 fell-fallen
熟語 fall asleep

The huge unko fell to the bottom of the valley.

arrive

[əráiv] アライヴ

熟語 arrive at[in] 〜

I did unko in my pants just before arriving at Haneda Airport.

save

[seiv] セイヴ

I was saved thanks to his unko.

動 ～をつかまえる

飛んでくるうんこをつかまえる訓練

動 落ちる
名 秋

秋は autumn[ɔ́ːtəmオータム] と
言うこともあります。

熟語 眠る

巨大なうんこが谷底に落ちて行った。

動 到着する

熟語 ～に着く

羽田空港に到着する直前でうんこをもらしました。

動 ～を救う，節約する

彼のうんこのおかげでぼくは救われたんです。

sleep

[sli:p] スリープ

活用 slept-slept

If you put unko on both of your eyes, you can <u>sleep</u> better.

carry

[kǽri] ケァリィ

3単現 carries

The girls should help <u>carry</u> the unko a little, too.

hold

[hould] ホウゥド

活用 held-held

The unko will move, so <u>hold</u> it tightly.

fly

[flai] フライ

3単現 flies　活用 flew-flown

This missile is <u>flying</u> toward the unko automatically.

動 眠る
名 眠り

両目の上にうんこを置くとよく眠れる。

動 ～を運ぶ

女子も少しはうんこを運ぶのを手伝ってよ。

動 ～を(手に) 持つ,
開催する

うんこが動きますので, しっかり持っていてください。

動 飛ぶ

このミサイルはうんこに向かって自動で飛んでいきます。

lose

[luːz] ルーズ

活用 lost-lost

You mustn't <u>lose</u> this unko.

wash

[wɑʃ] ワッシ

3単現 washes

I'm <u>washing</u> my car because it is covered in unko.

grow

[grou] グロウ

活用 grew-grown

Young people <u>grow</u> by doing unko in their pants.

ride

[raid] ライド

活用 rode-ridden

<u>ride</u> a roller coaster with unko in my hands

動 〜をなくす，負ける

このうんこだけは，絶対になくさないでね。

動 〜を洗う

愛車がうんこまみれになってしまったので，洗っています。

動 成長する，〜を育てる

若者はうんこをもらすことで成長するものだ。

動 〜に乗る

うんこを持ったままジェットコースターに乗る

ski

PART 1 | 0085 | 5級

[ski:] スキー

During the winter vacation, I was either <u>skiing</u> or doing unko.

wear

PART 1 | 0086 | 4級

[weər] ウェアァ

活用 wore-worn

We ask people <u>wearing</u> unko to refrain from entering the store.

wish

PART 1 | 0087 | 3級

[wiʃ] ウィッシ

3単現 wishes

We are <u>wishing</u> for you to get your unko back.

pick

PART 1 | 0088 | 4級

[pik] ピック

熟語 pick up ~

She <u>picked</u> up the unko like she would <u>pick</u> up a strawberry.

動 スキーをする
名 スキー（の板）

冬休み中は，だいたい<u>スキー</u>かうんこをしていました。

動 ～を身につけている

うんこを<u>身につけている</u>方の入店はご遠慮いただいております。

動 ～を願う，願う
名 願い

私たちはきみがうんこを取り戻せることを<u>願って</u>いる。

動 ～を摘む，選ぶ

熟語 ～を拾う

彼女はイチゴを<u>摘む</u>ような手つきでうんこをつまんだ。

pass

[pæs] ペァス

3単現 passes

If I <u>pass</u> this test, I can do unko anywhere in the country.

win

[win] ウィン

ing形 winning
活用 won-won

You want to <u>win</u> the match so much that you'd use unko?

cut

[kʌt] カッ

ing形 cutting
活用 cut-cut

<u>cut</u> unko with a Japanese sword

choose

[tʃuːz] チューズ

活用 chose-chosen

<u>Choose</u> only one of these pieces of unko.

動 ～に合格する，
　　～を渡す，過ぎる

この試験に合格すれば，国内のあらゆる場所でうんこ
ができる。

動 ～に勝つ

うんこを使ってまで試合に勝ちたいのか。

動 ～を切る

日本刀でうんこを切る

動 ～を選ぶ

この中から好きなうんこを1つだけ選んでください。

die

[dai] ダイ

(ing形) dying

I will not give you this piece of unko even if I <u>die</u>.

realize

[ríːəlaiz] リーアライズ (アクセント)

Ridley hasn't <u>realized</u> that there's a piece of unko in front of him.

receive

[risíːv] リスィーヴ

When you <u>receive</u> your piece of unko, pass the rest to the next person.

collect

[kəlékt] コレクト

Why are you <u>collecting</u> so many pieces of unko?

動 死ぬ

たとえ<u>死んで</u>もこのうんこだけは渡さない。

動 ～だと気づく、
～を実現させる

リドリーは目の前のうんこに<u>気づいて</u>いない。

動 ～を受け取る

うんこを<u>受け取ったら</u>次の人に回してください。

動 ～を集める

そんなにうんこを<u>集めて</u>どうするの？

cross

[krɔːs] クロース

A man who had unko in both hands <u>crossed</u> the street.

continue

[kəntínjuː] コンティニュー アクセント

I did unko in my pants, but I will <u>continue</u> class.

return

[ritə́ːrn] リタ〜ン

He <u>returned</u> home when he discovered that there was no unko.

climb

[klaim] クライム

I was <u>climbing</u> unko, not a mountain.

動 ～を横切る

両手にうんこを持った男が道路を横切って行った。

動 ～を続ける, 続く

うんこはもれてしまいましたが, 授業を続けます。

動 帰る, ～を戻す

うんこがないと知ると彼はすぐに帰ってしまった。

動 ～を登る

私が登っていたのは山ではなくうんこだったのだ。

rise

PART 1 | 0101 | 3級

[raiz] ライズ

活用 rose-risen

A piece of unko is <u>rising</u> over the horizon.

jump

PART 1 | 0102 | 5級

[dʒʌmp] ヂャンプ

Hurry up! <u>Jump</u> over the unko and come here!

follow

PART 1 | 0103 | 3級

[fálou] ファロウ アクセント

I heard that if I <u>follow</u> you, I can get unko.

drop

PART 1 | 0104 | 準2級

[drɑp] ドゥラップ

ing形 dropping

熟語 drop by

It seems that I <u>dropped</u> my unko in the bus.

動 のぼる，上がる

水平線の向こうからうんこがのぼってきた。

動 跳ぶ

早く，うんこを跳び越えてこっちへ！

動 ～について行く

あなたについて行けばうんこをもらえると聞いたのですが。

動 ～を落とす，落ちる

熟語 立ち寄る

どうらやバスの中でうんこを落としてしまったみたいだ。

improve

PART 1 | 0105 | 準2級

[imprúːv] インプルーヴ （アクセント）

Your unko has 30 areas you need to <u>improve</u>.

perform

PART 1 | 0106 | 2級

[pərfɔ́ːrm] パフォーム

I'm <u>performing</u> the role of the unko in the next school festival.

relax

PART 1 | 0107 | 準2級

[riláeks] リレァックス

3単現 relaxes

I wanted you to <u>relax</u>, so I prepared some unko.

develop

PART 1 | 0108 | 準2級

[divéləp] ディ**ヴェ**ラプ

This is the new unko which our company <u>developed</u>.

動 ～を改善する

きみのうんこには<u>改善</u>すべき点が 30 か所もある。

動 ～を演じる

今度の学園祭でうんこの役を<u>演じる</u>ことになった。

動 くつろぐ

<u>くつろいで</u>もらおうと思って，うんこを用意しておきました。

動 ～を開発する，発達する

こちらが我が社が<u>開発</u>した新しいうんこです。

reach

[riːtʃ] リーチ

3単現 reaches

Our pile of unko is going to <u>reach</u> the ceiling.

set

[set] セッ

ing形 setting

活用 set-set

<u>set</u> two pieces of unko in the alcove

fight つづり

[fait] ファイト

活用 fought-fought

They <u>fought</u> fiercely over unko.

burn

[bəːrn] バ〜ン

活用 burned, burnt-burned, burnt

The unko is <u>burning</u> with a blue flame.

動 〜に達する

積み上げたうんこが天井に達しそうだ。

動 〜を置く
名 一組, セット

床の間にうんこを2つ置く

動 戦う
名 戦い

彼らはうんこをめぐって激しく戦った。

動 燃える

うんこが青い炎をあげて燃えている。

people

[píːpl] ピーポゥ

The people of this town are very interested in unko.

thing

[θiŋ] スィング

I can see a shining thing in my father's unko.

day

[dei] デイ

熟語 all day long

Then how many times can I do unko a day?

student

[stjúːdnt] ステューデント

I could never show this unko to the students!

この町の<u>人々</u>はうんこに関心が強い。

名 もの

PART 1 | 0114 | 5級

父のうんこの中に光る<u>もの</u>が見える。

名 日

PART 1 | 0115 | 5級

熟語 1日中

じゃあ1<u>日</u>に何回までならうんこをしていいのですか?

名 生徒, 学生

PART 1 | 0116 | 5級

こんなうんこはさすがに<u>生徒</u>には見せられません!

friend つづり

[frend] フレンド

I couldn't bear it when people made fun of my <u>friend</u>'s unko.

way

[wei] ウェイ

熟語 by the way

Which <u>way</u> is faster to get to the unko?

lot

[lɑt] ラッ

熟語 a lot of 〜
lots of 〜

There is a <u>lot</u> of unko lined up in the gym.

country つづり

[kʌ́ntri] カントゥリィ

複数 countries

All unko in this <u>country</u> belongs to the king.

名 友達

友達のうんこをバカにされてがまんできなかったんです。

名 道，方法

熟語 ところで

どちらの道が，より早くうんこにたどりつけますか？

名 たくさん

熟語 たくさんの～
たくさんの～

体育館にたくさんのうんこが並べてある。

名 国

この国にあるうんこは全て王のものとなる。

week

PART 1 | 0121 | 5級

[wi:k] ウィーク

Do you still have last week's unko?

life

PART 1 | 0122 | 4級

[laif] ライフ

複数 lives

My life changed thanks to unko.

picture

PART 1 | 0123 | 5級

[píktʃər] ピクチャ

There is a man handing out pictures of unko in front of the station.

teacher

PART 1 | 0124 | 5級

[tí:tʃər] ティーチャ

The teacher's unko is displayed at the entrance of each classroom.

名 週

先<u>週</u>のうんこをまだ持っているのか。

名 生活，命

うんこのおかげで，私の<u>生活</u>は変わりました。

名 写真，絵

駅前でうんこの<u>写真</u>を配っているおじさんがいます。

名 先生，教師

各クラスの入り口には，<u>先生</u>のうんこが飾ってある。

name

PART 1 | 0125 | 5級

[neim] ネイム

Is it so unusual to give a piece of unko a <u>name</u>?

world

PART 1 | 0126 | 5級

[wə:rld] ワ〜ゥド

The <u>world</u> will soon realize the real value of unko.

mother

PART 1 | 0127 | 5級

[mʌ́ðər] マザァ

This is unko I collected because I wanted to show it to my <u>mother</u>.

father

PART 1 | 0128 | 5級

[fɑ́:ðər] ファーザァ

The man in a leather jacket doing unko over there is my <u>father</u>.

名 **名前**
動 (name A Bで) AをBと名づける

うんこに<u>名前</u>をつけるのがそんなに珍しいですか?

名 **世界**

うんこの本当の価値に, もうすぐ<u>世界</u>が気づくだろう。

名 **母**

<u>母</u>に見せたい一心で集めたうんこです。

名 **父**

あそこでうんこをしている革ジャンの男が<u>父</u>です。

word

[wə:rd] ワ～ド

"Unko" was the only <u>word</u> written in his notebook.

month

[mʌnθ] マンス

I subscribed to a service to see all the unko for 3,800 yen per <u>month</u>.

question

[kwéstʃən] クウェスチョン

Please do not ask any <u>questions</u> which are not related to unko.

morning

[mɔ́:rniŋ] モーニング

Joelle and Ethan discussed unko until <u>morning</u>.

名 単語　　　　　　　　　　PART1 | 0129 | 4級

彼のノートには「うんこ」という<u>単語</u>しか書いてなかった。

名 (暦の) 月　　　　　　　PART1 | 0130 | 5級

<u>月</u>額3,800円でうんこ見放題のサービスに加入した。

名 質問　　　　　　　　　　PART1 | 0131 | 5級

うんこについての<u>質問</u>以外はご遠慮願います。

名 朝, 午前　　　　　　　　PART1 | 0132 | 5級

ジョエルとイーサンは<u>朝</u>までうんこについて語り合った。

afternoon

[æftərnúːn] エァフタ**ヌー**ン （アクセント）

It's going to be sunny in the <u>afternoon</u>, so let's do unko in the yard.

idea

[aidíːə] アイ**ディー**アー （アクセント）

I can't get my <u>ideas</u> straight if you do unko next to me.

sister

[sístər] ス**ィ**スタァ

do unko with my <u>sister</u>'s coat on

school

[skuːl] ス**クー**ゥ

熟語 after school

surround the <u>school</u> with pieces of unko

名 午後

午後は晴れるみたいなので，庭でうんこでもしよう。

名 考え

横でうんこをされると考えがまとまらない。

名 姉，妹

姉のコートを着たままうんこをする

名 学校

熟語 放課後に

学校の周囲にうんこを並べて取り囲む

station

[stéiʃən] ステイション

PART 1 | 0137 | 5級

Shall we talk about unko while we walk to the <u>station</u>?

library

[láibreri] ライブレリィ

PART 1 | 0138 | 5級

複数 libraries

I have hidden my 12 pieces of unko in this <u>library</u>.

room

[ru:m] ルーム

PART 1 | 0139 | 5級

What <u>room</u> shall I do unko in today?

minute つづり

[mínit] ミニト

PART 1 | 0140 | 5級

There is one <u>minute</u> left until the unko falls from the ceiling.

名 駅

駅までうんこの話でもしながら歩こうか。

名 図書館

この図書館の中に，私のうんこが 12 個隠してあります。

名 部屋

今日はどの部屋でうんこをしようかな。

名 分（時間の単位）

天井からうんこが落ちてくるまで，残り 1 分です。

child

[tʃaild] **チャイゥド**

複数 children

He always smiles like a <u>child</u> when he does unko.

brother

[brʌ́ðər] **ブラザァ**

My <u>brother</u>'s unko won the grand prix in his prefecture's contest.

culture

[kʌ́ltʃər] **カゥチァ**

Unko is a <u>culture</u> by itself.

movie

[múːvi] **ムーヴィ**

My unko was chosen to be made into a <u>movie</u> in Hollywood.

名 子ども

彼はいつも<u>子ども</u>のような笑顔でうんこをする。

名 兄，弟

<u>兄</u>のうんこが県のコンテストでグランプリを取った。

名 文化

うんこは 1 つの<u>文化</u>だ。

名 映画

私のうんこがハリウッドで<u>映画</u>化されることになりました。

example

[igzǽmpl] イグ**ゼァ**ンポゥ

熟語 for example

There are no <u>examples</u> of allowing unko to be pets.

evening

[íːvniŋ] **イ**ーヴニング

In the <u>evening</u>, "Unko..." can be heard from the forest.

night

[nait] **ナ**イト

The pitch-black <u>night</u> suits your unko very well.

hour つづり

[áuər] **ア**ウアァ

I spent so many <u>hours</u> forming the shape of the unko!

名 例

熟語 たとえば

うんこがペットとして認められた<u>例</u>はまだない。

名 夕方，晩

<u>夕方</u>になると森の奥から「うんこ…」という声が聞こえる。

名 夜

きみのうんこは真っ暗な<u>夜</u>によく似合う。

名 1時間（時間の単位）

最初の h は発音しません。

何<u>時間</u>もかけてうんこの形を整えたのに。

dinner

[dínər] ディナァ

I'm about to do unko in my pants, so I cancelled my <u>dinner</u> plans.

man

[mæn] メァン

複数 men

There is a <u>man</u> who changed the world with a piece of unko.

train

[trein] トゥレイン

That is a <u>train</u> that carries only unko.

story

[stɔ́:ri] ストーリィ

複数 stories

His <u>stories</u> are always about doing unko in his pants.

名 夕食

うんこがもれそうなので夕食の予定をキャンセルした。

名 男の人

うんこ1つで世界を変えた男がいる。

名 電車，列車

あれはうんこを運ぶ専用の電車です。

名 話，物語

彼の話はうんこをもらした話ばかりだ。

water

PART 1 | 0153 | 5級

[wɔ́:tər] ウォータァ

The unko which was soaked in <u>water</u> for three months is here.

lunch つづり

PART 1 | 0154 | 5級

[lʌntʃ] ランチ

I was doing unko, and <u>lunch</u> ended.

parent

PART 1 | 0155 | 5級

[péərənt] ペアレント

Didn't your <u>parents</u> teach you to respect unko?

care

PART 1 | 0156 | 4級

[keər] ケアァ

熟語 take care of ~

It's covered in unko ahead, so take <u>care</u>.

名 水

３か月間水にひたしておいたうんこがこちらです。

名 昼食

うんこをしていたら昼食の時間が終わってしまった。

名 親

うんこを敬いなさいと親から教わりませんでしたか？

名 注意, 世話
動 気にする

熟語 ～の世話をする

この先はうんこだらけなので注意して。

language

PART 1 | 0157 | 4級

[lǽŋgwidʒ] レァングウィヂ （アクセント）

Judd whispers in a mysterious language when he does unko.

song

PART 1 | 0158 | 5級

[sɔːŋ] ソーング

When I listen to this song, I get motivation to try doing unko again.

hand

PART 1 | 0159 | 5級

[hænd] ヘァンド

When Martin's hand got close to the piece of unko, it floated in the air.

homework

PART 1 | 0160 | 5級

[hóumwəːrk] ホウムワ～ク

My brother won't stop talking about unko, so I can't do my homework.

名 言語　　　　　　　　　　　PART 1 | 0157 | 4級

ジャドはうんこをするとき謎の言語をつぶやく。

名 歌　　　　　　　　　　　PART 1 | 0158 | 5級

この歌を聞くともう一度うんこをしてみようという気に
なれる。

名 手　　　　　　　　　　　PART 1 | 0159 | 5級

マーティンが手を近づけると，うんこが宙に浮いた。

名 宿題　　　　　　　　　　PART 1 | 0160 | 5級

兄がうんこの話ばかりするので宿題が進まない。

present

[préznt] プレズント

the perfect unko for a <u>present</u>

e-mail

[í:meil] イーメイゥ

I'll tell the teacher that my unko came out in an <u>e-mail</u>.

restaurant つづり

[réstərənt] レストラント

There is a man holding unko on the ground behind the <u>restaurant</u>.

second

[sékənd] セカンド

熟語 a second

The one to yell "unko" the most times in 60 <u>seconds</u> wins.

名 贈り物, プレゼント

贈り物に最適なうんこ

名 電子メール

うんこが出たことを先生に電子メールで報告しよう。

名 レストラン

レストランの裏にうんこを持った男が倒れています。

名 秒

熟語 少しの間

60秒間で多く「うんこ」と叫んだ方の勝ちです。

dream

[dri:m] ドゥリーム

I had a <u>dream</u> that I turned into a piece of your unko.

woman

[wúmən] ウマン

複数 women

Show the <u>woman</u> at the desk the unko, and you can pass.

player

[pléiər] プレイアァ

The soccer <u>players</u> are laughing out loud over unko stories.

hospital

[háspitl] ハスピタゥ

There was a large picture of unko on the wall in that <u>hospital</u>.

名 夢

動 夢を見る

きみのうんこになった夢を見た。

名 女の人

受付の女性にうんこを見せれば通れますよ。

名 選手, プレーヤー

サッカー選手たちがうんこの話で爆笑している。

名 病院

その病院の壁には大きなうんこの絵が飾られていた。

message つづり

[mésidʒ] メスィヂ

If you have a <u>message</u>, please write it on this piece of unko.

weather つづり

[wéðər] ウェザァ

When the <u>weather</u> is nice, I do unko on the balcony.

money

[mʌ́ni] マニィ 発音

I thought I could exchange unko for <u>money</u>.

nature

[néitʃər] ネイチャ

If you love <u>nature</u>, then you must also love unko.

名 伝言，メッセージ

伝言がある方はこちらのうんこにお書きください。

名 天気

天気がいい日はベランダでうんこをする。

名 お金

うんこはお金に換えられると思っていた。

名 自然

自然を愛するというならうんこも愛しなさい。

person

[pə́ːrsn] パ~スン

Each person has their own opinions about unko.

part

[pɑːrt] パート

It seems this substance is part of my unko.

plan

[plæn] プレァン

Our plan needs your unko.

job

[dʒɑb] ヂャブ

I lost my job because I didn't take unko seriously.

名 人

うんこに対する考え方は<u>人</u>それぞれだ。

名 部分

どうやらこの物質は私のうんこの<u>一部</u>のようだ。

名 計画
動 計画する

我々の<u>計画</u>にはあなたのうんこが必要なんです。

名 仕事

うんこを軽く考えていたせいで<u>仕事</u>を失った。

member つづり

[mémbər] メンバァ

No, I have never done unko with the other band members.

ticket

[tíkit] ティキト

Take out your ticket and unko, and wait here.

internet

[íntərnet] インタネト アクセント

You can also view this unko on the internet.

bird

[bə:rd] バ～ド

He shows almost no interest in bird unko.

名 メンバー，一員

いえ，バンドの<u>メンバー</u>と一緒にうんこをしたことはありません。

名 切符，チケット

<u>切符</u>とうんこをご用意してこちらでお待ちください。

名 インターネット

Internet のように大文字で
始めることもあります。

こちらのうんこは<u>インターネット</u>でもご覧いただけます。

名 鳥

彼は<u>鳥</u>のうんこにはほとんど興味を示さない。

color

PART 1 | 0181 | 5級

[kʌ́lər] **カ**ラァ

She is always wearing unko with a lovely <u>color</u>.

breakfast

PART 1 | 0182 | 5級

[brékfəst] **ブレ**クファスト

After you finish <u>breakfast</u>, do unko.

number

PART 1 | 0183 | 5級

[nʌ́mbər] **ナ**ンバァ

A mysterious <u>number</u> is carved in the unko.

weekend

PART 1 | 0184 | 4級

[wíːkend] **ウィー**ケンド アクセント

Last <u>weekend</u>, my family and I went to Okinawa to do unko.

名 色

彼女はいつも素敵な色のうんこを身につけている。

名 朝食

最初の a を忘れない
ようにしましょう。

朝食を済ませ次第，うんこに取り掛かってください。

名 数

うんこに謎の数字が刻まれている。

名 週末

先週末は家族でうんこをしに沖縄へ行きました。

paper

[péipər] ペイパァ

a piece of unko as thin as paper

experience

[ikspíəriəns] イクスピアリエンス （アクセント）

I hear that he has experience in fighting unko.

phone

[foun] フォウン

My phone was covered in unko, so I couldn't answer it.

end

[end] エンド

You lost his unko? It's the end of us.

名 紙

<u>紙</u>のように薄いうんこ

名 経験

彼はうんこと戦った<u>経験</u>があるという。

名 電話(telephoneの省略形)

<u>電話</u>がうんこまみれだったので出られなかったんです。

名 終わり
動 終わる

彼のうんこをなくしたなんて，もう<u>終わり</u>だ。

season つづり

PART 1 | 0189 |

[síːzn] スィーズン

I always choose a piece of unko for the window to suit the season.

mom

PART 1 | 0190 |

[mɑm] マム

Mom, is this unko?

grandmother

PART 1 | 0191 | 5級

[grǽndmʌðər] グレァンドゥマザァ アクセント

My grandmother is singing a children's song to unko.

grandfather

PART 1 | 0192 | 5級

[grǽndfɑːðər] グレァンドゥファーザァ アクセント

My grandfather is pointing a bamboo sword at unko.

名 季節

窓に飾るうんこは<u>季節</u>に合わせて選んでいます。

名 お母さん

子どもが呼びかけるときに使います。

<u>お母さん</u>，これってうんこかな？

名 祖母

<u>祖母</u>がうんこに向かって童謡を歌っている。

名 祖父

<u>祖父</u>がうんこに向かって竹刀（しない）を構えている。

half つづり

PART 1 | 0193 | 4級

[hæf] ヘァフ

複数 halves

<u>Half</u> of the top of the desk is covered in unko!

inside

PART 1 | 0194 | 4級

[insáid] インサイド

kick unko with the <u>inside</u> of my foot

event

PART 1 | 0195 | 3級

[ivént] イヴェント

This year is full of unko-related <u>events</u>.

classmate

PART 1 | 0196 | 5級

[klǽsmeit] クレァスメイト **アクセント**

Can you be true <u>classmates</u> if you don't show each other your unko?

名 半分
形 半分の

机の上が半分うんこで埋まっているじゃないか。

名 内側
形 内側の

「外側」は outside です。

足の内側でうんこを蹴る

名 行事

今年はうんこ関係の行事が目白押しだ。

名 クラスメイト

うんこも見せ合わないで，本当にクラスメイトと言えるのかな。

reason つづり

[ríːzn] リーズン

Do you need a <u>reason</u> to do unko?

face

[feis] フェイス

I can't forget his <u>face</u> when he saw the unko.

fan

[fæn] フェァン

I prepared those pieces of unko for the <u>fans</u>!

dish

[diʃ] ディッシ

複数 dishes

A piece of unko hit the <u>dish</u>, and it cracked.

名 理由

うんこをすることに<u>理由</u>が必要ですか？

名 顔

彼がうんこを見たときの<u>顔</u>が忘れられない。

名 ファン

<u>ファン</u>のために用意しておいたうんこだったのに。

名 皿，料理

うんこが当たって<u>皿</u>が欠けてしまった。

head

[hed] ヘッド

This piece of unko will stick to your <u>head</u> with one push.

subject

[sʌ́bdʒikt] サブヂェクト

Our school has a <u>subject</u> called "unko."

war

[wɔːr] ウォーァ

Some <u>wars</u> have started because of unko.

century

[séntʃəri] センチュリィ

複数 centuries

This unko should be talked about for <u>centuries</u>.

PART 1 — 必修レベル —

名 頭

このうんこはワンタッチで頭に装着できます。

名 教科，主題

私たちの学校には「うんこ」という教科があります。

名 戦争

うんこがきっかけで起きた戦争もある。

名 世紀

これは世紀を超えて語り継がれるべきうんこだ。

clothes

[klouz] クロウズ

Is it strange to dress unko in <u>clothes</u>?

fact

[fækt] フェァクト

熟語 in fact

First, accept the <u>fact</u> that you did unko in your pants.

island つづり

[áilənd] アイランド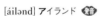

When you get close to that <u>island</u>, the residents throw unko at you.

peace つづり

[pi:s] ピース

There was <u>peace</u> when we could still talk about unko.

名 衣服

うんこに<u>衣服</u>を着せるのっておかしいですか？

名 事実

熟語 実際には

まずはうんこをもらしたという<u>事実</u>を受け入れよう。

名 島

その<u>島</u>に近寄ると，住民からうんこを投げつけられる。

名 平和

うんこの話ができたころは<u>平和</u>だったね。

bread つづり

PART 1 | 0209 | 5級

[bred] ブレッド

unko as light as <u>bread</u>

health つづり

PART 1 | 0210 | 3級

[helθ] ヘゥス

People who sometimes do unko in their pants have better <u>health</u>.

glass

PART 1 | 0211 | 5級

[glæs] グレァス

hold a <u>glass</u> in your right hand and a piece of unko in your left

area

PART 1 | 0212 | 3級

[éəriə] エァリア

Only this <u>area</u> has an especially high rate of unko on the ground.

名 パン

a を忘れないようにしましょう。

パンのように軽いうんこ

名 健康

たまにうんこをもらすくらいの方が健康だ。

名 コップ,
(glassesで) めがね

右手にコップを, 左手にうんこを持つ

名 地域

この地域だけ, 落ちているうんこの数が異常に多い。

elementary school
PART 1 | 0213 | 4級

[eləméntəri sku:l] エレメンタリ スクーゥ

An unko-shaped object appeared in the sky above the elementary school.

side
PART 1 | 0214 | 3級

[said] サイド

Unko is drawn on all the sides of the box.

nurse つづり
PART 1 | 0215 | 5級

[nə:rs] ナ〜ス

The nurse and I talked about unko and had fun.

center
PART 1 | 0216 | 3級

[séntər] センタァ

Gunpowder was stuffed into the center of the piece of unko.

名 **小学校**

PART1 | 0213 | 4級

小学校の上空にうんこ型の物体が現れた。

名 **面，側面**

PART1 | 0214 | 3級

箱の全ての面にうんこの絵が描かれている。

名 **看護師**

PART1 | 0215 | 5級

看護師さんとうんこの話で盛り上がった。

名 **中心**

PART1 | 0216 | 3級

そのうんこの中心には爆薬が埋め込まれていた。

vegetable つづり

PART 1 | 0217 | 5級

[védʒətəbl] **ヴェヂタボゥ**

Bring unko to that store, and you can exchange it for <u>vegetables</u>.

outside

PART 1 | 0218 | 4級

[áutsaid] **アウトゥサイド**

Hey, unko is overflowing into the <u>outside</u>!

king

PART 1 | 0219 | 3級

[kiŋ] **キング**

Brian openly criticized the <u>king</u>'s unko.

magazine

PART 1 | 0220 | 5級

[mǽgəzìːn] **メァガズィーン**

The unko special interest <u>magazine</u> *Unko Life* was launched.

名 **野菜**

あの店に<u>うんこ</u>を持って行くと<u>野菜</u>と交換してくれる
よ。

名 **外側**
形 **外側の**

おい，うんこが<u>外側</u>にあふれてきているぞ！

名 **王**

ブライアンは<u>王</u>のうんこを堂々と批判した。

名 **雑誌**

うんこの専門<u>雑誌</u>『うんこライフ』が創刊された。

ページ

PART 1 必修レベル

case

PART 1 | 0221 |

[keis] ケイス

熟語 in case of 〜

What should I do in case there's no unko in my house?

company

PART 1 | 0222 | 5級

[kʌ́mpəni] カンパニィ

複数 companies

At our company, as a general rule, unko is prohibited.

human

PART 1 | 0223 | 3級

[hjúːmən] ヒューマン

Humans must live together with unko.

report

PART 1 | 0224 | 5級

[ripɔ́ːrt] リポート

A shocking report about unko came in.

名 場合

熟語 ～の場合には

家にうんこがない<u>場合</u>はどうしたらいいですか?

名 会社

我々の<u>会社</u>では原則うんこ禁止です。

名 人間
形 人間の

<u>人間</u>はうんこと共存していかねばならない。

名 報告
動 報告する

うんこに関する衝撃的な<u>報告</u>が上がってきた。

bench

[bentʃ] ベンチ

The coach stood on the <u>bench</u> and started doing unko.

memory

[méməri] メモリィ

複数 memories

I have no <u>memory</u> of ever doing unko since I was born.

performance

[pərfɔ́ːrməns] パフォーマンス

I thought it was just a <u>performance</u>, but he was really doing unko.

meter

[míːtər] ミータァ 発音

I did unko in my pants only a few <u>meters</u> away from my house.

名 ベンチ

監督がベンチの上に立ち上がってうんこをし始めた。

名 記憶，思い出

生まれてから一度もうんこをした記憶がないんです。

名 演技，演奏

演技かと思ったら本当にうんこをしていたのか。

名 メートル

家まで残り数メートルのところでうんこをもらした。

visitor つづり

[vízitər] **ヴィ**ズィタァ

a visitor holding unko

tourist つづり

[túərist] **トゥ**リスト

Tourists have started to come to see my unko.

east

[i:st] **イー**スト

I head deeper and deeper into the east with unko on my back.

match

[mætʃ] **メァ**チ

I think only about unko during matches.

名 訪問者

うんこを持った訪問者

名 観光客

僕のうんこを見に観光客が来るようになった。

名 東
形 東の

うんこを背負って東へ東へと進む。

名 試合

試合中はいつもうんこのことしか考えていません。

middle

[mídl] ミドゥ

A piece of unko was placed at the <u>middle</u> of the course as a mark.

cousin

[kʌ́zn] カズン 発音

I'll send unko to my <u>cousin</u> living in Hokkaido.

bomb

[bɑːm] バーム 発音

Finally, they dropped a <u>bomb</u> to destroy the piece of unko.

result

[rizʌ́lt] リザゥト アクセント

The <u>result</u> of the analysis says this substance is unko after all.

名 中間

形 中間の

コースの中間地点に目印のうんこが置いてありました。

名 いとこ

北海道に住むいとこにうんこを送る。

名 爆弾

最後の b は発音しません。

そのうんこを破壊するため，ついに爆弾が投下された。

名 結果

分析の結果，この物質はやはりうんこでした。

thought つづり

PART 1 | 0237 | 3級

[θɔːt] ソート

I can't get my thoughts together without unko around me.

towel

PART 1 | 0238 | 4級

[táuəl] タウエゥ 発音

wrap unko in high-quality towels

carrot

PART 1 | 0239 | 5級

[kǽrət] ケァロッ

That is my unko, not a carrot.

character

PART 1 | 0240 | 3級

[kǽrəktər] ケァラクタァ

All the characters in this movie are aiming for his unko.

名 思考，考え

PART1 | 0237 | 3級

うんこが近くにないと，思考がまとまらないんです。

名 タオル

PART1 | 0238 | 4級

高級タオルでうんこをくるむ

名 ニンジン

PART1 | 0239 | 5級

それはニンジンではなく私のうんこだ。

名 登場人物

PART1 | 0240 | 3級

この映画の登場人物は全員彼のうんこを狙っている。

they

PART 1 | 0241 | 5級

[ðei] **ゼイ**

They will do anything to get unko.

their

PART 1 | 0242 | 5級

[ðeər] **ゼアァ**

Their unko is on a different dimension from other unko.

them

PART 1 | 0243 | 5級

[ðem] **ゼム**

If you use unko, catching them will be easy.

what

PART 1 | 0244 | 5級

[hwɑt] **フワット**

Other than unko, what should I buy?

代 彼らは, 彼女らは,
それらは

he・she・it の複数形です。

<u>彼らは</u>うんこを手に入れるためならどんな手でも使う。

代 彼らの, 彼女らの,
それらの

<u>彼らの</u>うんこは他のうんこと次元が違う。

代 彼らを, 彼女らを,
それらを

うんこを使えば, <u>彼らを</u>捕まえるのは簡単です。

代 何
形 何の

うんこの他に<u>何</u>を買ってくればよいですか?

who

[hu:] フー

Who reordered my unko collection without my permission?

which

[hwitʃ] フウィッチ

Which is the child that dropped unko from the roof?

whose

[hu:z] フーズ

Now, whose unko will the president choose?

these

[ði:z] ズィーズ

These pieces of unko were brought by the volunteers.

代 だれ，だれが，だれを　　PART1 | 0245 | 5級

私のうんこコレクションを勝手に並べ替えたのはだれ
だ。

代 どちら，どれ　　PART1 | 0246 | 5級
形 どちらの，どの

うんこを屋上から落とした子はどっち？

代 だれの，だれのもの　　PART1 | 0247 | 5級

さあ，会長はだれのうんこを選ばれるだろうか。

代 これら　　PART1 | 0248 | 5級
形 これらの

this の複数形です。

これらのうんこはボランティアの皆さんが持ってきてく
れました。

136

those

PART 1 | 0249 | 5級

[ðouz] ゾウズ

Let's hide unko around <u>those</u> trees.

everyone

PART 1 | 0250 | 5級

[évriwʌn] エヴリワン

<u>Everyone</u> has the right to carry unko with them, right?

something

PART 1 | 0251 | 4級

[sʌ́mθiŋ] サムスィング

Adults always blame it on unko when <u>something</u> happens.

anything

PART 1 | 0252 | 4級

[éniθiŋ] エニスィング

Do you have <u>anything</u> against unko?

代 あれら，それら

形 あれらの，それらの

PART 1 | 0249 | 5級

that の複数形です。

うんこは<u>あれらの</u>木々のあたりに隠しておこう。

代 だれでも，みんな

PART 1 | 0250 | 5級

<u>だれにでも</u>うんこを持ち歩く権利があるはずでしょう。

代 何か

PART 1 | 0251 | 4級

大人は，<u>何か</u>が起こるとすぐうんこのせいにする。

代 （疑問文・否定文で）
何か，何も

PART 1 | 0252 | 4級

<u>何か</u>うんこにうらみでもあるのですか？

everything

[évriθiŋ] エヴリスィング

Everything exists in order to become unko.

someone

[sʌ́mwʌn] サムワン

Someone wrote a review praising my unko.

anyone

[éniwʌn] エニワン

Is there anyone who has unko with them?

many

[méni] メニィ

比較 more-most

Many bees gathered around the unko I put in the garden.

代 あらゆること,
あらゆるもの

everything は単数扱いです。

あらゆるものはうんこになるために存在している。

代 だれか

だれかがぼくのうんこを褒めるレビューを書いてくれた。

代 (疑問文・否定文で)
だれか, だれも

どなたかうんこをお持ちの方はいらっしゃいませんか?

形 たくさんの
代 たくさんの人[もの]

庭に置いておいたうんこにたくさんのハチが寄って来た。

some

PART 1 | 0257 | 5級

[sʌm] サム

I have <u>some</u> unko in my backpack if you want it.

good

PART 1 | 0258 | 5級

[gud] グッド

比較 better-best
熟語 be good at ～

If you put unko at your bedside, you'll have <u>good</u> dreams.

other

PART 1 | 0259 | 4級

[ʌ́ðər] アザァ

I can't think of any answer <u>other</u> than unko.

all

PART 1 | 0260 | 5級

[ɔːl] オーゥ

a device that can change <u>all</u> substances into unko

形 いくつかの，いくらかの　　PART1 | 0257 | 5級

代 いくつか，いくらか

うんこなら<u>いくらか</u>リュックに入っています。

形 よい　　PART1 | 0258 | 5級

熟語 ～が得意だ

枕元にうんこを置くと<u>いい</u>夢が見られるよ。

形 ほかの　　PART1 | 0259 | 4級

答えはうんこの<u>ほかに</u>思いつかない。

形 すべての　　PART1 | 0260 | 5級

代 すべて

<u>すべての</u>物質をうんこに変える装置

happy

[hǽpi] ヘァピィ

比較 happier-happiest

And he lived a <u>happy</u> life with unko around him.

much

[mʌtʃ] マッチ

比較 more-most

<u>Much</u> unko overflowed out of the door to the basement.

next

[nekst] ネクスト

熟語 next to ～

I hear the <u>next</u> challenger is an unko-user.

last

[læst] レァスト

The <u>last</u> unko we did was fun, wasn't it?

形 幸せな

そして彼はうんこに囲まれて幸せに過ごしたそうです。

形 多量の
副 (比較級を強めて) ずっと

地下への扉から大量のうんこがあふれてきた。

形 次の
副 次に

熟語 ～のとなりに

次の挑戦者はうんこの使い手だそうだ。

形 この前の, 最後の

この前のうんこは楽しかったね。

old

PART 1 ｜ 0265 ｜ 5級

[ould] オウゥド

Robert has the ability to make <u>old</u> unko new.

long

PART 1 ｜ 0266 ｜ 5級

[lɔːŋ] ローング

The man over there doing unko with a <u>long</u> stick is my father.

more

PART 1 ｜ 0267 ｜ 4級

[mɔːr] モーァ

He has <u>more</u> unko than you do.

every

PART 1 ｜ 0268 ｜ 5級

[évri] エヴリィ

<u>Every</u> piece of unko had valuable aspects.

形 古い，年をとった

ロバートは<u>古い</u>うんこを新しくする能力を持っている。

形 長い
副 長く

あそこで<u>長い</u>棒を持ってうんこをしている男が父です。

形 もっと多くの

彼はきみより<u>もっとたくさん</u>うんこを持っているよ。

形 どの〜も，毎〜

あとには単数名詞がきます。

<u>どの</u>うんこにもみな捨てがたい魅力があった。

big

[big] ビッグ

比較 bigger-biggest

The soldier is pointing a big gun at the unko.

sure

[ʃuər] シュアァ

We are sure that you will meet a wonderful piece of unko.

great

[greit] グレイト

He was great because he did not discriminate against unko.

any

[éni] エニィ

Do you have any questions about unko?

形 大きい

PART1 | 0269 | 5級

兵士がうんこに大きな銃を向けている。

形 確信して

PART1 | 0270 | 5級

我々は，きみがすてきなうんこに出会えることを確信しています。

形 偉大な，すばらしい

PART1 | 0271 | 5級

彼が偉大なのはうんこを差別しなかったことです。

形 （疑問文で）何か，
（否定文で）少しも

PART1 | 0272 | 5級

うんこについて何か質問はありますか？

late

[leit] レイト

比較 later, latter-latest, last
熟語 be late for ～

It's too <u>late</u>. I've done unko in my pants.

nice

[nais] ナイス

It's a <u>nice</u> piece of unko, but it's a little too small.

interesting

[íntəristiŋ] インタリスティング アクセント

比較 more interesting-most interesting

We are looking for <u>interesting</u> stories about unko.

important

[impɔ́ːrtənt] インポートゥント

比較 more important-most important

I didn't know it was such an <u>important</u> piece of unko.

形 遅い

副 遅く

熟語 ～に遅れる

もう遅いよ。うんこはもれた。

形 よい，すてきな

よいうんこだが，少し大きさが足りないね。

形 おもしろい，興味深い

うんこに関するおもしろいエピソードを募集しています。

形 重要な

そんな重要なうんこだとは知らなかったんです。

better

[bétər] ベタァ

This country will get <u>better</u> thanks to your unko.

interested

[íntəristid] インタレスティド （アクセント）

熟語 be interested in ～

It seems he is <u>interested</u> in our unko.

sorry

[sɑ́:ri] サーリィ

I'm <u>sorry</u> for flushing your unko without asking for permission.

different つづり

[dífərənt] ディフェレント

比較 more different-most different
熟語 be different from ～

Unko of several <u>different</u> shapes is necessary.

形 よりよい
副 よりよく

good・well の比較級です。

きみのうんこのおかげでこの国は<u>よりよく</u>なるだろう。

形 興味がある

熟語 ～に興味をもっている

彼はどうやら私たちのうんこに<u>興味をもって</u>いるようだね。

形 すまなく思って

きみのうんこを勝手に流してしまって<u>すまない</u>。

形 異なる，違う

熟語 ～と違っている

いくつかの<u>異なる</u>形状のうんこが必要です。

new

PART 1 | 0281 | 5級

[njuː] ニュー

Alfred will be a <u>new</u> star in the unko world.

each

PART 1 | 0282 | 4級

[iːtʃ] イーチ

Enclose a piece of unko in <u>each</u> book.

wonderful

PART 1 | 0283 | 4級

[wʌ́ndərfl] ワンダフォゥ

比較 more wonderful-most wonderful

I didn't know unko was such a <u>wonderful</u> thing.

easy

PART 1 | 0284 | 5級

[íːzi] イーズィ

Gathering so many pieces of unko is not <u>easy</u>.

形 新しい

アルフレッドはうんこ界の<u>新しい</u>スターになりそうだ。

形 それぞれの
代 それぞれ

<u>それぞれの</u>本に1つずつうんこをはさんでください。

形 すばらしい

うんこってこんなに<u>すばらしい</u>ものだったんですね。

形 簡単な

これだけの数のうんこを集めるのは<u>簡単な</u>ことではない。

little

[lítl] リトゥゥ

比較 less-least

sprinkle <u>a little</u> gold powder on the unko

best

PART 1 | 0286 | 4級

[best] ベスト

This is the <u>best</u> unko that I've ever seen!

same

PART 1 | 0287 | 4級

[seim] セイム

You can put the unko in the <u>same</u> bag as the other items.

difficult

PART 1 | 0288 | 4級

[dífikəlt] ディフィカゥト

比較 more difficult-most difficult

It's <u>difficult</u> for four people to do unko at the same time.

形 (a little で) 少量の

うんこに<u>少量の</u>金粉をかける

形 最もよい
副 最もよく

good・well の最上級です。

これは今まで見た中で<u>最高の</u>うんこだ！

形 同じ

うんこも他のものと<u>同じ</u>袋で大丈夫です。

形 難しい

4人で同時にうんこを出すのは<u>難しい</u>。

few

PART 1 | 0289 |

[fju:] フュー

Only a few geniuses will realize the true value of unko.

another

PART 1 | 0290 |

[ənʌ́ðər] アナザァ

I'm renting another room to store unko.

young

PART 1 | 0291 |

[jʌŋ] ヤング

Young people holding unko are hanging out on the street.

fun つづり

PART 1 | 0292 |

[fʌn] ファン

We should use this unko and do something fun.

形 （a few で）少数の

<u>少数の</u>天才だけがうんこの本当の価値に気づくだろう。

形 もう1つの
名 別のもの

うんこの保管用に<u>もう1つ</u>部屋を借りています。

形 若い

ストリートにはうんこを持った<u>若い</u>人々がたむろしている。

形 おもしろい
名 楽しみ

このうんこを使って何か<u>楽しい</u>ことやりたいですね。

surprised

[sərpráizd] サプライズド

比較 more surprised-most surprised

熟語 be surprised at ～

We were surprised because our teacher suddenly stomped on unko.

fine

[fain] ファイン

Fine people don't always do fine unko.

busy つづり

[bízi] ビズィ

比較 busier-busiest

Thank you for coming to see my father's unko despite your busy schedule.

favorite

[féivərit] フェイヴァリト

Please listen to my favorite song "Into the Unko."

形 驚いた

熟語 ～に驚く

先生が突然うんこをふみつけたので僕たちは<u>驚いた</u>。

形 すばらしい, 元気な　

<u>すばらしい</u>人物が<u>すばらしい</u>うんこをするとは限らないよ。

形 忙しい　

お<u>忙しい</u>中, 父のうんこを見に来ていただきありがとうございます。

形 お気に入りの, 大好きな　

ぼくの<u>大好きな</u>歌「うんこの中へ」を聞いてください。

sad

[sæd] **セァッ**ド

比較 sadder-saddest

Please listen to my favorite song "Unko on a Sad Night."

famous つづり

[féiməs] **フェイ**マス

比較 more famous-most famous
熟語 be famous for ～

Please listen to the famous American song "500 Miles to Unko."

both

[bouθ] **ボ**ウス

Hold unko with both hands, not one.

sick

[sik] **ス**ィック

熟語 be sick in bed

Unko can heal the hearts of sick people.

形 **悲しい**

私の大好きな歌「<u>悲しい</u>夜のうんこ」を聞いてください。

形 **有名な**

熟語 ～て有名だ

アメリカの<u>有名な</u>歌「うんこまで 500 マイル」を聞いてください。

形 **両方の**
代 **両方**

うんこは片手でなく<u>両手</u>で持ちなさい。

形 **病気の**

熟語 病気で寝ている

うんこで<u>病気の</u>人の心をいやすこともできよう。

hot

[hɑt] ハット

 hotter-hottest

This is the story of a piece of unko I saw on a <u>hot</u> summer night.

tired

[táiərd] タイアァド

 get tired
be tired of ～

I looked at too much unko, so my eyes are <u>tired</u>.

afraid

[əfréid] アフレイド

 be afraid of ～

Don't be <u>afraid</u> of doing unko in your pants.

large

[lɑ:rdʒ] ラーヂ

throw unko into a <u>large</u> paper cup

形 暑い，熱い

PART 1 | 0301 | 5級

これは，ある暑い夏の夜に見たうんこの話です。

形 疲れた

PART 1 | 0302 | 5級

熟語 疲れる
〜にうんざりしている

うんこを見すぎて目が疲れた。

形 恐れて

PART 1 | 0303 | 3級

熟語 〜を恐れる

うんこをもらすことを恐れないで。

形 大きい

PART 1 | 0304 | 5級

うんこを大きいサイズの紙コップに投げ入れる

exciting 〔つづり〕

PART 1 ｜ 0305 ｜ 5級

[iksáitiŋ] イクサイティング

比較 more exciting-most exciting

The discovery of ancient unko was an <u>exciting</u> event for the world.

useful

PART 1 ｜ 0306 ｜ 3級

[júːsfəl] ユースフォゥ 発音

比較 more useful-most useful

This clasp should be <u>useful</u> for holding unko in place.

hungry

PART 1 ｜ 0307 ｜ 5級

[hʌ́ŋgri] ハングリィ

This tax system is horrible, like making a <u>hungry</u> man do unko.

bad

PART 1 ｜ 0308 ｜ 5級

[bæd] ベァド

比較 worse-worst

a story about a <u>bad</u> boy who meets unko and grows up

形 興奮させる，
わくわくさせる

古代うんこの発見は世界中を<u>興奮させる</u>事件だった。

形 役に立つ

この金具はうんこを固定したいときに<u>役立ち</u>そうだ。

形 空腹の

今の税制は，<u>空腹の</u>男にうんこをさせるようなひどさ
だ。

形 悪い

一人の<u>不良</u>少年がうんこと出会って成長する物語

free

[fri:] フリー

熟語 feel free to ~
for free

You are <u>free</u> to do unko anywhere within this white line.

enough

[ináf] イナフ 発音

There is still not <u>enough</u> unko to plug the volcano.

ready

[rédi] レディ

OK, when you're <u>ready</u>, start doing unko.

dear

[diər] ディアァ

<u>Dear</u> my unko,

形 **自由な，ひまな**

PART 1 | 0309 | 4級

熟語 気軽に〜する
無料で

この白線の内側でなら，どこでうんこをしても<u>自由</u>で
すよ。

形 **十分な**
副 **十分に**

PART 1 | 0310 | 4級

火口をふさぐには，まだうんこの量が<u>不十分</u>だ。

形 **準備ができた**

PART 1 | 0311 | 5級

では，<u>準備ができ</u>ましたらうんこを始めてください。

形 **親愛なる**

PART 1 | 0312 | 5級

<u>親愛なる</u>ぼくのうんこへ，

warm

[wɔ:rm] ウォーム

On a warm afternoon, I found that unko.

strong

[strɔ:ŋ] ストローング

Even the strongest warrior cannot defeat their own unko.

tall

[tɔ:l] トーゥ

How did you get unko on such a tall tree?

true

[tru:] トゥルー

This is the true shape of unko.

形 暖かい，温かい　　　PART1 | 0313 | 5級

ある<u>暖かい</u>日の午後，私はそのうんこを見つけた。

形 強い　　　PART1 | 0314 | 4級

どんなに<u>強い</u>戦士でも自分のうんこには勝てない。

形 (背が) 高い　　　PART1 | 0315 | 5級

あんな<u>高い</u>木の上にどうやってうんこを乗せたんですか？

形 本当の　　　PART1 | 0316 | 3級

これがうんこの<u>本当の</u>姿です。

foreign

PART 1 | 0317 | 3級

[fɔ́:rin] フォーリン 🔊

I went to see <u>foreign</u> unko at the art museum.

short

PART 1 | 0318 | 5級

[ʃɔ́:rt] ショート

A <u>short</u> screw came out of the unko.

such

PART 1 | 0319 | 4級

[sʌtʃ] サッチ

熟語 such as ~

You shouldn't say <u>such</u> things to someone's precious unko.

full

PART 1 | 0320 | 4級

[ful] フゥ

熟語 be full of ~

a metal barrel <u>full</u> of unko

形 外国の

美術館に<u>外国の</u>うんこを見に行った。

形 短い，（背が）低い

うんこの中から<u>短い</u>ねじが出てきた。

形 そのような

熟語 ～のような

人の大切なうんこに<u>そのような</u>ことを言うべきではない。

形 いっぱいの

熟語 ～でいっぱいだ

うんこで<u>いっぱいの</u>ドラム缶

excited つづり

[iksáitid] イクサイティド

比較 more excited-most excited

The audience is <u>excited</u> and is throwing unko among themselves.

safe

[seif] セイフ

Your unko is in a <u>safe</u> place.

heavy つづり

[hévi] ヘヴィ

比較 heavier-heaviest

I attached a <u>heavy</u> chain to the unko and sank it in the ocean.

weak つづり

[wi:k] ウィーク

The signal is <u>weak</u>, so I can only hear the word "unko."

形 興奮した

PART1 | 0321 | 4級

興奮した観客同士がうんこを投げ合っています。

形 安全な

PART1 | 0322 | 4級

きみのうんこは安全な場所にあるよ。

形 重い

PART1 | 0323 | 4級

うんこに重い鎖を巻き付けて海に沈めた。

形 弱い

PART1 | 0324 | 3級

電波が弱くて,「うんこ」という言葉以外聞き取れない。

expensive

[ikspénsiv] イクスペンスィヴ

 比較 more expensive-most expensive

The woman took unko out of her expensive bag.

round

[raund] ラウンド

Round pieces of unko are pleasing gifts.

necessary

[nésəsèri] ネサセリ アクセント

比較 more necessary-most necessary

Take home only as many pieces of unko as necessary.

local

[lóukəl] ロウカゥ

The local people searched for the unko I lost.

形 高価な

その女性は<u>高価な</u>バッグからうんこを取り出した。

形 丸い

<u>丸い</u>うんこは贈り物として喜ばれる。

形 必要な

持ち帰るうんこは<u>必要な</u>数だけにしてください。

形 地域の

ぼくがなくしたうんこを，<u>地域の</u>人々が探してくれた。

dead つづり

PART 1 | 0329 | 2級

[ded] デド

I heard that <u>dead</u> people come back to life as unko in the horror movie.

amazing

PART 1 | 0330 | 準2級

[əméiziŋ] アメイズィング

比較 more amazing-most amazing

Please view the <u>amazing</u> footage of unko taken in China.

colorful

PART 1 | 0331 | 3級

[kʌ́lərfəl] カラフォゥ

比較 more colorful-most colorful

put <u>colorful</u> jackets on the unko

very

PART 1 | 0332 | 5級

[véri] ヴェリィ

I was <u>very</u> influenced by his ideas about unko.

形 **死んだ**

そのホラー映画では，死んだ人間がうんこになってよみがえるらしい。

形 **驚くべき**

中国で撮影された，うんこの驚くべき映像をご覧ください。

形 **色彩豊かな**

うんこにカラフルな上着を着せる

副 **非常に，とても**

彼のうんこについての考え方には非常に影響を受けた。

how

[hau] ハウ

 熟語 How about ～?

How did you push your unko out just now?

when

[hwen] フウェン

When did I say that I would give you the unko?

where

[hweər] フウェアァ

Where are you going with such a serious face with unko?

why

[hwai] フワイ

 熟語 Why don't you ～?

Why can only they get unko?

副 どうやって，どんな

熟語 ～はどうですか？

今どうやってうんこを出しました？

副 いつ
接 ～するとき

私がいつうんこを渡すと言った？

副 どこに，どこで，どこへ

そんな怖い顔でうんこを持ってどこへ行くの？

副 なぜ

熟語 ～してはどうですか。

なぜあの人たちだけうんこをもらえるのですか？

there

PART 1 | 0337 | 5級

[ðeər] ゼアァ

Once, there were people who lived together with unko <u>there</u>.

now

PART 1 | 0338 | 5級

[nau] ナウ

Get the unko and come out of the car. <u>Now</u>!

then

PART 1 | 0339 | 4級

[ðen] ゼン

My view of unko changed <u>then</u>.

too

PART 1 | 0340 | 5級

[tu:] トゥー

 熟語 too ... to ～

Of course, buying and selling unko is prohibited, <u>too</u>.

副 そこに，そこで

かつてそこにはうんこと共に暮らす人々がいた。

副 今，今すぐ

うんこを持って車の外に出てきなさい。今すぐに！

副 名 そのとき

そのとき，私はうんこの見方が変わった。

副 ～もまた，
あまりに～すぎる

熟語 ～するには…すぎる

もちろん，うんこの売買も禁止です。

really

PART 1 | 0341 | 5級

[ríːəli] リーアリ

I saw Clint's unko and <u>really</u> lost my confidence.

also

PART 1 | 0342 | 5級

[ɔ́ːlsou] オーゥソウ

She is <u>also</u> a fan of your unko.

today

PART 1 | 0343 | 5級

[tədéi] トゥデイ

<u>Today</u>, I don't want to think about anything but unko.

tomorrow つづり

PART 1 | 0344 | 4級

[təmɔ́ːrou] トゥモーロウ

Can I borrow this piece of unko until <u>tomorrow</u>?

副 本当に

クリントのうんこを見て，<u>本当に</u>自信を失った。

副 〜もまた

彼女<u>もまた</u>，きみのうんこのファンだそうだ。

副 今日は
名 今日

<u>今日は</u>，うんこのこと以外考えたくありません。

副 明日は
名 明日

r は 2 つです。

このうんこ，<u>明日</u>まで借りていいかな。

yesterday

[jéstərdei] イェスタデイ

I still can't get the unko I saw <u>yesterday</u> out of my head.

here

[hiər] ヒアァ

Then why don't you get your unko and come over <u>here</u> now?

hard

[hɑ:rd] ハード

He searched <u>hard</u> for the unko.

often

[ɔ́:fən] オーフン

I <u>often</u> think of the unko in that summer even now.

副 昨日は
名 昨日

昨日見たうんこがまだ頭から離れない。

副 ここに

だったら今すぐうんこを持ってここに来たらどうだ。

副 一生懸命に
形 難しい，かたい

彼は一生懸命にうんこをさがしてくれました。

副 しばしば，よく

あの夏のうんこのことを今でもしばしば思い出します。

back

[bæk] ベァク

He looked back because he sensed unko.

soon

[su:n] スーン

Don't worry. Your unko will be found soon.

ago

[əgóu] アゴウ

Do you remember the unko case two years ago?

again つづり

[əgén] アゲン

I've waited so long to meet this piece of unko again.

副 **後ろに**

名 **後ろ**

彼はうんこの気配を感じて<u>後ろを</u>振り返った。

副 **すぐに**

心配しなくてもきみのうんこは<u>すぐに</u>見つかるよ。

副 **（今から）〜前に**

2 年<u>前の</u>うんこの件，覚えていますか？

副 **再び，また**

このうんこに<u>再び</u>出会える日をずっと待っていました。

together

PART 1 | 0353 | 5級

[təɡéðər] トゥ**ゲ**ザァ

Why don't we just do unko <u>together</u>?

always

PART 1 | 0354 | 4級

[ɔ́ːlweiz] **オ**ーゥウェイズ

Why are you <u>always</u> looking at photos of unko?

only

PART 1 | 0355 | 5級

[óunli] **オ**ウンリィ

I can <u>only</u> trust my own unko in this world.

sometimes

PART 1 | 0356 | 4級

[sʌ́mtaimz] **サ**ムタイムズ

<u>Sometimes</u> I can hear the voice of pieces of unko.

副 いっしょに

PART1 | 0353 | 5級

どうせならごいっしょにうんこをしませんか?

副 いつも

PART1 | 0354 | 4級

どうしていつもうんこの写真をながめているのですか?

副 〜だけ
形 唯一の

PART1 | 0355 | 5級

ぼくがこの世で信じられるのは自分のうんこだけだ。

副 ときどき

PART1 | 0356 | 4級

ときどき,うんこの声が聞こえる。

just

[dʒʌst] ヂャスト

Yes, the unko I saw was <u>just</u> like this.

usually

[júːʒuəli] ユージュアリ 発音

People <u>usually</u> don't even notice the unko of other people.

up

[ʌp] アップ 発音

Smile wider and bring the unko <u>up</u> to your face.

never

[névər] ネヴァ

My teacher <u>never</u> said bad things about my unko.

副 **ちょうど，ほんの**

はい，ぼくが見たのも<u>ちょうど</u>こんな感じのうんこでした。

副 **ふつう，たいてい**

人は<u>ふつう</u>他人のうんこなど気にも留めないものだ。

副 **上へ**

もっと笑顔で，うんこを顔の近くまで<u>上げ</u>て。

副 **決して〜ない，
一度も〜ない**

先生は<u>決して</u>ぼくのうんこのことを悪く言わ<u>なかった</u>。

out

PART 1 | 0361 | 5級

[aut] アウト

My brother ran <u>out</u> of the house with his unko.

most

PART 1 | 0362 | 4級

[moust] モウスト

the <u>most</u> beautiful unko in the world

off

PART 1 | 0363 | 5級

[ɔːf] オーフ

Get <u>off</u> of my unko immediately.

still

PART 1 | 0364 | 4級

[stil] スティゥ

He is <u>still</u> angry about the unko that time.

副 外へ，外に

弟はうんこを持って<u>外へ</u>飛び出していった。

副 最も
形 ほとんどの

この世で<u>最も</u>美しいうんこ

副 離れて，切れて

今すぐ私のうんこから<u>離れ</u>なさい。

副 まだ

彼は<u>まだ</u>あのときのうんこのことを根に持っている。

ever

[évər] エヴァ

You know the most about unko out of any boy that I've <u>ever</u> met.

early

[ə́ːrli] ア〜リ

比較 earlier-earliest

I got to school <u>early</u>, so I'll get my unko ready.

fast

[fǽst] フェァスト

Spin the unko <u>faster</u>!

o'clock

[əklá:k] オクラーク

It is almost 5 <u>o'clock</u>, so please return the unko.

副 今までに

きみは<u>今までに</u>会った中で最もうんこに詳しい少年だ。

副 早く
形 早い

学校に<u>早く</u>着いたのでうんこの準備でもしよう。

副 速く
形 速い

<u>もっと速く</u>うんこを振り回して！

副 〜時

まもなく5<u>時</u>となりますので，うんこをご返却ください。

down

[daun] ダウン

The fighter who did unko in his pants got <u>down</u> from the ring.

already つづり

[ɔːlrédi] オーゥレディ

I'm sure you have <u>already</u> realized the charm of unko.

yet

[jet] イェッ

Sorry, the unko hasn't arrived <u>yet</u>.

quickly

[kwíkli] クウィクリ

比較 more quickly-most quickly

The swordsperson <u>quickly</u> sliced the unko up.

副 下へ

うんこをもらした選手がリングの下へおりた。

副 すでに, もう

きみはすでにうんこの魅力に気づいているはずですよ。

副 （否定文で）まだ,
（疑問文で）もう

「まだ〜していません」は haven't 〜 yet と言います。

すみません, まだうんこが届いてないんです。

副 すばやく

その剣士はうんこをすばやく切り刻んだ。

easily

[íːzəli] イーズィリ

 比較 more easily-most easily

People's opinions change <u>easily</u> by a single piece of unko.

alone

[əlóun] アロウン 発音

I like to do unko <u>alone</u> at night at the port.

almost

[ɔ́ːlmoust] オーゥモウスト

I <u>almost</u> got unko on my lips!

someday

[sʌ́mdei] サムデイ

<u>Someday</u>, I'd like to do unko with both our families.

副 簡単に

PART1 | 0373 | 4級

人の気持ちなんてうんこ1つで簡単に変わるものさ。

副 一人で

PART1 | 0374 | 3級

夜の港で一人でうんこをするのが好きだ。

副 もう少しで，ほとんど

PART1 | 0375 | 4級

もう少しでくちびるにうんこがつくところだったぞ！

副 いつか

PART1 | 0376 | 4級

いつか家族ぐるみでうんこをしてみたいですね。

straight つづり

PART 1 | 0377 | 5級

[streit] ストゥ**レ**イト

Stand straight beside the white line and do unko.

finally

PART 1 | 0378 | 4級

[fáinəli] **ファ**イネリ

Are you finally ready to trade unko with me?

p.m.

PART 1 | 0379 | 5級

[pì:ém] ピー**エ**ム

So let's meet in front of this unko at 1 p.m.

a.m.

PART 1 | 0380 | 5級

[èiém] エイ**エ**ム

If you face east at 2 a.m. and do unko, your wish will come true.

副 まっすぐに

白線の横にまっすぐに立ってうんこをしてください。

副 ついに

ついにぼくとうんこを交換してくれる気になりましたか。

副 午後

では午後1時にこのうんこの前で待ち合わせしましょう。

副 午前

午前2時に東を向いてうんこをすると願いがかなう。

actually

[ǽktʃuəli] エァクチュアリ (アクセント)

Actually, I did a little unko in my pants.

anywhere

[énihwèər] エニウェアァ

Can you hide this unko anywhere?

even

[íːvən] イーヴン

Even a brown bear will run away if it sees my father's unko.

later

[léitər] レイタァ

I'll flush the unko later.

副 実際は

PART 1 | 0381 | 3級

実際は，ちょっとうんこをもらしていたんですけどね。

副 （疑問文で）どこかに，
（否定文で）どこにも

PART 1 | 0382 | 3級

このうんこを隠せる場所はどこかにありますか？

副 ～でさえ

PART 1 | 0383 | 3級

父のうんこを見せれば，ヒグマでさえ逃げていく。

副 あとで

PART 1 | 0384 | 5級

そのうんこはあとでちゃんと流しますので。

however

[hauévər] ハウエヴァ

<u>However</u>, unko is already starting to come out.

will

[wil] ウィゥ

熟語 Will you ~?

You <u>will</u> regret underestimating unko someday.

can

[kæn] ケァン

熟語 Can you ~?

He <u>can</u> do a somersault while he is doing unko.

could

[kud] クド

熟語 Could you ~?

In the past, I <u>could</u> do unko in only three seconds.

副 しかしながら　　　　PART1 | 0385 | 準2級

しかしながら，すでにうんこは出始めているんですよ。

助 〜するだろう　　　　PART1 | 0386 | 4級

熟語 〜してくれますか？

きみはうんこを軽視したことをいつか後悔するだろう。

助 〜できる　　　　PART1 | 0387 | 5級

熟語 〜してくれますか？

彼はうんこをしながら宙がえりができる。

助 〜できた（canの過去形）　　　　PART1 | 0388 | 4級

熟語 〜してくださいませんか。

昔はうんこなんて3秒もあればできたんだけどなあ。

would つづり

[wud] ウッド

熟語 would like to ～

It would be more fun if he yelled, "Unko!" now.

should つづり

[ʃud] シュド

Your unko should be rated higher.

may

[mei] メイ

熟語 May I ～?

It may soon be OK to return his unko to him.

must

[mʌst] マスト

I must take my son's unko to his school.

助 〜だろうに（willの過去形）　PART 1 | 0389 | 4級

熟語 〜したいのですが

今「うんこ！」と叫べば盛り上がる<u>だろうに</u>。

助 〜すべきだ　PART 1 | 0390 | 4級

きみのうんこはもっと評価される<u>べきだ</u>。

助 〜かもしれない，
〜してもよい　PART 1 | 0391 | 5級

熟語 〜してもいいですか？

そろそろ彼にうんこを返してあげてもいい<u>かもしれない</u>。

助 〜しなければならない　PART 1 | 0392 | 4級

息子のうんこを学校に届け<u>なければならない</u>。

of

PART 1 | 0393 | 5級

[ɑv] ア**ヴ**

a documentary _of_ unko

about

PART 1 | 0394 | 5級

[əbáut] ア**バ**ウト

熟語 be about to ~

I'll tell you everything I know _about_ unko.

with

PART 1 | 0395 | 5級

[wið] **ウィ**ズ

I found this letter together _with_ a piece of
unko.

before

PART 1 | 0396 | 5級

[bifɔ́ːr] ビ**フォー**ァ

look at pictures of unko _before_ the interview
to calm down

前 〜の

うんこのドキュメンタリー番組

前 〜について
副 およそ

熟語 〜しようとしている

うんこについて, ぼくが知っていることを全て話します。

前 〜といっしょに

この手紙がうんこといっしょに置いてありました。

前 接 〜の前に
副 以前に

面接の前にうんこの写真を見て緊張をまぎらわす

after

PART 1 ｜ 0397 ｜ 5級

[ǽftər] エァフタァ

Do you want to do unko after seeing a movie?

near

PART 1 ｜ 0398 ｜ 5級

[niər] ニアァ

Please do not put unko near fire.

around

PART 1 ｜ 0399 ｜ 5級

[əráund] アラウンド

Gigantic pieces of unko wrapped around the earth.

during

PART 1 ｜ 0400 ｜ 4級

[djúəriŋ] デュアリング

My husband hasn't done unko even once during the winter.

前 〜のあとに
接 〜したあとで

映画を見た<u>あと</u>，うんこでもしない？

前 〜の近くに
形 近い

炎の<u>近く</u>にうんこを置かないでください。

前 〜のまわりを，
〜のまわりに

地球の<u>まわり</u>を巨大なうんこが取り囲んだ。

前 （期間）の間に

夫は冬の<u>間</u>，一度もうんこをしておりません。

over

[óuvər] オウヴァ

Swallowtail butterflies are flying <u>over</u> my unko.

into

[íntu:] イントゥー

He went <u>into</u> the deep woods with unko.

since

[síns] スィンス

I have been a fan of his unko <u>since</u> I saw it 15 years ago.

without

[wiðáut] ウィザウト

Please don't just start doing unko <u>without</u> saying anything first.

前 〜の上に
副 上の方へ

ぼくのうんこの<u>上で</u>アゲハチョウが舞っている。

前 〜の中へ

彼はうんこを持って深い森<u>の中へ</u>入っていった。

前 〜以来
接 〜して以来

15 年前に彼のうんこを見て<u>以来</u>のファンです。

前 〜なしに, 〜なしで

何のことわりも<u>なしに</u>いきなりうんこを始めないでください。

through つづり

PART 1 | 0405 | 3級

[θruː] スルー

A car pulling unko behind it passed through the shopping district.

between

PART 1 | 0406 | 3級

[bitwíːn] ビトゥ**ウィーン**

熟語 between A and B

Stand between the two pieces of unko there.

until

PART 1 | 0407 | 4級

[əntíl] アン**ティ**ゥ

There has been no one who has detected that it is unko until now.

among

PART 1 | 0408 | 4級

[əmʌ́ŋ] ア**マ**ング

A trend to seek unko is growing among the city residents.

前 ～を通り抜けて

前 ～を通り抜けて PART 1 | 0405 | 3級

うんこを引きずった車が商店街を通り抜けていった。

前 （2つ）の間に PART 1 | 0406 | 3級

熟語 AとBの間に

そちらのうんことうんこの間にお立ちください。

前 ～まで
接 ～するまで PART 1 | 0407 | 4級

今までこれをうんこだと見破った者はいない。

前 （3つ以上）の間に，
～の中で PART 1 | 0408 | 4級

市民の間には，うんこを求めるムードが生まれています。

前 ～を通り抜けて

うんこを引きずった車が商店街を通り抜けていった。

前 （2つ）の間に

熟語 AとBの間に

そちらのうんことうんこの間にお立ちください。

前 ～まで
接 ～するまで

今までこれをうんこだと見破った者はいない。

前 （3つ以上）の間に，
～の中で

市民の間には，うんこを求めるムードが生まれています。

PART 1 必修レベル

along

PART 1 | 0409 | 4級

[əlɔ́ːŋ] アローング

Unko is lined <u>along</u> the national border.

across

PART 1 | 0410 | 4級

[əkrɔ́ːs] アクロース

A piece of unko flew <u>across</u> the northwest sky.

against 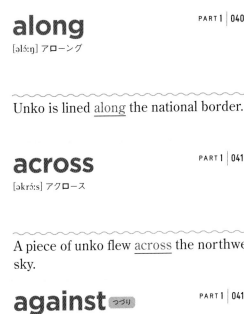 つづり

PART 1 | 0411 | 3級

[əɡénst] アゲンスト

We are strongly <u>against</u> the law which restricts unko.

behind

PART 1 | 0412 | 5級

[biháind] ビハインド

The person doing unko <u>behind</u> the curtain there is my father.

前 ～に沿って

PART 1 | 0409 | 4級

国境に沿ってうんこが並べられている。

前 ～を横切って

PART 1 | 0410 | 4級

うんこが北西の空を横切って飛んで行った。

前 ～に反対して

PART 1 | 0411 | 3級

私たちは，うんこを規制する法律に断固反対します。

前 ～の後ろに

PART 1 | 0412 | 5級

あそこのカーテンの後ろでうんこをしているのが父です。

but

PART 1 | 0413 | 5級

[bʌt] バッ

But, you just said that we can bring our own unko in, didn't you?

because

PART 1 | 0414 | 4級

[bikɔ́:z] ビコーズ

I wanted to do unko outside because the moon was beautiful.

if

PART 1 | 0415 | 4級

[if] イフ

If you want to burn unko, do it near the water.

or

PART 1 | 0416 | 5級

[ɔ:r] オーァ

Do you have any glue or unko?

接 **しかし**

しかし，さっきはうんこの持ち込み OK と言っていましたよね？

接 **なぜなら（〜だから）**

月がきれいだから，屋外でうんこがしたくなったんです。

接 **もし（〜ならば）**

もしうんこを燃やしたいなら水辺で行うこと。

接 **〜または…**

接着剤かうんこ持ってない？

than

[ðæn] ゼァン

If there is a piece of unko bigger <u>than</u> this, I want to see it.

as

[æz] エァズ

Sam knows as much about unko <u>as</u> you.

one

[wʌn] ワン

熟語 one day

I am just doing unko as <u>one</u> person.

two

[tuː] トゥー

He has been holding his unko in for <u>two</u> months.

接 前 （比較の文で）〜よりも

これよりも大きいうんこなんてあるなら見てみたいものだ。

接 （比較の文で）〜と同じくらい
前 〜として

サムは，きみと同じくらいうんこに詳しいよ。

名 1
形 1つの
熟語 ある日

私は一人の人間としてうんこをしているだけだ。

名 2
形 2つの

彼はもう2か月もうんこをがまんしている。

three

[θri:] スリー

When I count to three, take your hand off my unko.

think

[θiŋk] スィンク

活用 thought-thought

熟語 think of ～

I think everyone has the right to do unko.

try

[trai] トゥライ

3単現 tries 活用 tried-tried

熟語 try on ～

Let's try sending a high-voltage current through the unko.

watch

[wɑtʃ] ワッチ

3単現 watches

The captain is watching the unko floating on the ocean.

名 3

形 3つの

3つ数える間に私のうんこから手を離せ。

動 ～と思う，考える

熟語 ～を思いつく

だれもがうんこをする権利を持っていると思う。

動 (試しに)～してみる

熟語 ～を試着する

うんこに高圧電流を流してみよう。

動 ～を(じっと)見る

海上を漂ううんこを船長がじっと見ている。

answer つづり

[ǽnsər] エァンサァ

I thought the unko wouldn't <u>answer</u> me even if I called to it 100 times.

remember

[rimémbər] リメンバァ アクセント

When I listen to this song, I <u>remember</u> the unko from that day.

practice

[prǽktis] プレァクティス

I'm <u>practicing</u> putting unko on my toes.

leave

[li:v] リーヴ

活用 left-left
熟語 leave for ～

Are you going to <u>leave</u> this town without doing unko?

動 〜に答える
名 答え

うんこにいくら呼びかけても<u>答え</u>ないと思っていた。

動 〜を思い出す,
〜を覚えている

この曲を聞くと，あの日のうんこを<u>思い出す</u>。

動 〜を練習する
名 練習

うんこをつま先にのせる<u>練習</u>をしています。

動 〜を去る，出発する

熟語 〜へ出かける

うんこもせずに，この町を<u>去る</u>んですか?

decide

[disáid] ディサイド

You don't have the right to <u>decide</u> your unko's timing.

sit

[sit] スィッ

ing形 sitting　活用 sat-sat
熟語 sit down

<u>Sit</u> on that unko and wait, please.

excuse

[ikskjú:z] イクスキューズ

熟語 Excuse me.

You can do unko anywhere and he will <u>excuse</u> you for it.

put

[put] プッ

ing形 putting　活用 put-put

<u>Put</u> your index finger on this unko.

動 ～を決める

きみにうんこをするタイミングを<u>決める</u>権利はない。

動 座る

熟語 着席する

そちらのうんこに<u>座って</u>お待ちください。

動 ～を許す

熟語 すみません。

彼はどこでうんこをしても<u>許して</u>くれるよ。

動 ～を置く

こちらのうんこの上に人差し指を<u>置いて</u>ください。

forget

[fərgét] フォ**ゲッ** (アクセント)

活用 forgot-forgotten, forgot

<u>Forget</u> the unko story you just heard.

borrow

[bárou] バロウ

I accidentally broke the unko I <u>borrowed</u> from my friend.

travel

[trǽvəl] トゥ**レァ**ヴェゥ

I want to <u>travel</u> the world with just my camera and unko.

introduce

[intrədjú:s] イントゥロ**デュー**ス (アクセント)

I'll <u>introduce</u> you to someone who is familiar with unko sometime.

動 〜を忘れる

後ろを強く読みます。

今聞いたうんこの件は忘れてくれ。

動 〜を借りる

友達に借りたうんこを壊してしまった。

動 旅行する
名 旅行

カメラとうんこだけ持って，世界中を旅行したい。

動 〜を紹介する

今度うんこに詳しい人をご紹介しますよ。

stand

[stænd] ステァンド

活用 stood-stood
熟語 stand up

Now is the time to <u>stand</u> up with unko.

spend

[spend] スペンド

活用 spent-spent

My uncle <u>spent</u> almost his whole fortune on collecting unko.

build つづり

[bild] ビゥド

活用 built-built

This building was <u>built</u> out of only unko and wood.

cry

[krai] クライ

3単現 cries
活用 cried-cried

Look, here's some unko. Don't <u>cry</u>.

動 立つ

熟語 立ち上がる

今こそうんこを持って<u>立ち</u>上がれ。

動 (お金) を使う,
(時) を過ごす

おじはうんこ集めにほぼ全ての財産を<u>使いました</u>。

動 〜を建てる

このビルはうんこと材木だけで<u>建て</u>られた。

動 泣く, さけぶ

ほら, うんこだよ。もう<u>泣か</u>ないで。

break

[breik] ブレイク

活用 broke-broken

We will now <u>break</u> unko with dynamite.

invite

[inváit] インヴァイト アクセント

If you were really <u>invited</u>, you should have some of his unko.

share

[ʃeər] シェアァ

I would love to <u>share</u> this unko with everyone.

sell

[sel] セゥ

活用 sold-sold

The man <u>selling</u> unko key rings over there is my father.

動 〜を壊す

今からダイナマイトでうんこを破壊します。

動 〜を招待する

本当に招待されたなら彼のうんこをお持ちのはずです。

動 〜を共有する

ぜひこのうんこを皆さんと共有したいんです。

動 〜を売る

あそこでうんこのキーホルダーを売っているのが父です。

pay

[pei] ペイ

活用 paid-paid

If you don't have cash, you can also <u>pay</u> with unko.

miss

[mis] ミス

3単現 misses

I <u>missed</u> the unko show I was looking forward to seeing.

communicate

[kəmjú:nəkeit] コミューニケイト アクセント

<u>communicate</u> with each other about our unko

drive

[draiv] ドゥライヴ

活用 drove-driven

The steering wheel is covered in unko, so I can't <u>drive</u> well.

動 ～を支払う，支払う

PART 2 | 0445 | 4級

現金がない場合うんこで支払うことも可能です。

動 ～を逃す，
～がいなくてさびしく思う

PART 2 | 0446 | 4級

楽しみにしていたうんこの番組を見逃してしまった。

動 連絡を取り合う，
通信する

PART 2 | 0447 | 3級

お互いのうんこについて連絡を取り合う

動 ～を運転する

PART 2 | 0448 | 4級

ハンドルがうんこまみれで上手く運転できない。

disappear

PART 2 | 0449 | 準2級

[dìsəpíər] ディサピアァ アクセント

The piece of unko flew off and soon
<u>disappeared</u>.

touch つづり

PART 2 | 0450 | 3級

[tʌtʃ] タッチ

3単現 touches
熟語 keep in touch

Tony <u>touched</u> the unko skillfully.

born

PART 2 | 0451 | 3級

[bɔːrn] ボーン

When I <u>was born</u>, unko wasn't socially
acceptable.

support

PART 2 | 0452 | 3級

[səpɔ́ːrt] サポート

The flower pot is about to fall over, so let's
use unko to <u>support</u> it.

動 見えなくなる

うんこは飛び立ち，やがて見えなくなった。

動 ～をさわる

熟語 連絡を取り合う　　　　ou のつづりに気をつけましょう。

トニーは慣れた手つきでうんこをさわった。

動 (be bornで) 生まれる

私が生まれた時代，うんこは社会的に認められていなかった。

動 ～を支える

植木鉢が倒れそうなのでうんこで支えておこう。

pardon

[páːrdn] パードゥン

Treating the king's unko in such a way will not be <u>pardoned</u>.

solve

[sɑlv] サゥヴ

The boy used unko to <u>solve</u> a long-time mystery.

cheer

[tʃíər] チアァ

I brought unko to <u>cheer</u> you up.

protect

[prətékt] プロテクト

I am an activist who <u>protects</u> unko.

動 〜を許す

王のうんこにそんな態度をとることは<u>許さ</u>れない。

動 〜を解く

その少年はうんこを使って長年にわたる謎を<u>解いた</u>。

動 〜を元気づける

<u>元気づけ</u>ようと思ってうんこを持ってきたよ。

動 〜を保護する

私はうんこを<u>保護する</u>活動をしている者です。

encourage

[inkə́:ridʒ] インカ〜リヂ

Your unko <u>encouraged</u> me before the match.

produce

[prədjúːs] プロデュース

This item can't be <u>produced</u> now because there isn't enough unko.

check

[tʃek] チェック

I'll <u>check</u> on the unko you've inquired about.

waste

[weist] ウェイスト

It's valuable unko, so don't <u>waste</u> it.

動 ～を勇気づける PART2 | 0457 | 準2級

試合前にきみのうんこを見て<u>勇気づけ</u>られたよ。

動 ～を生産する PART2 | 0458 | 準2級

この商品は，材料のうんこの不足のため<u>生産</u>できなくなりました。

動 確認する PART2 | 0459 | 4級

お問い合わせのうんこについて<u>お調べ</u>します。

動 ～をむだに使う PART2 | 0460 | 3級

貴重なうんこだから，<u>むだに使わ</u>ないようにね。

imagine

[imǽdʒin] イメァヂン アクセント

Imagine there's no unko.

wrap つづり

[rǽp] レァップ

ing形 wrapping

wrap unko in aluminum foil

respect

[rispékt] リスペクト

I respect people who can proudly do unko in front of others.

hunt

[hʌ́nt] ハント

We must hunt down the animal that can do unko like this at once.

うんこなんて無いって想像してごらん。

うんこをアルミホイルで包む

人前で堂々とうんこができる人を尊敬します。

こんなうんこをする獣は一刻も早く狩らなければ。

wake

[weik] ウェイク

活用 woke-woken

When I woke up, I had unko in both hands.

hurt

[hə:rt] ハ〜ト

活用 hurt-hurt

You'll hurt the unko if you hold it like that.

prepare

[pripéər] プリペアァ

I'm now preparing the unko I'll distribute to everyone.

gather

[gǽðər] ゲァザァ

gather the pieces of unko that were scattered across the floor

動 目が覚める

<u>目が覚める</u>と，両手にうんこを握りしめていた。

動 〜を傷つける，痛む

その持ち方じゃうんこを<u>傷つける</u>よ。

動 〜を準備する

皆さんに配るうんこは今<u>準備</u>しています。

動 〜を集める

床に散らばったうんこを拾い<u>集める</u>

invent

PART2 | 0469 | 準2級

[invént] インヴェント アクセント

I <u>invented</u> a smartphone that runs on unko.

kill

PART2 | 0470 | 3級

[kil] キゥ

I heard that unko that <u>kills</u> people appears in the horror movie.

lead

PART2 | 0471 | 準2級

[li:d] リード

活用 led-led

Heaven's voice <u>led</u> me to your unko.

appear

PART2 | 0472 | 準2級

[əpíər] アピアァ

The unko <u>appeared</u> in the fog.

動 〜を発明する

PART2 | 0469 | 準2級

うんこで動くスマートフォンを発明しました。

動 〜を殺す

PART2 | 0470 | 3級

そのホラー映画には，人を殺すうんこが登場するらしい。

動 〜を導く

PART2 | 0471 | 準2級

天の声に導かれて，あなたのうんこにたどり着きました。

動 現れる

PART2 | 0472 | 準2級

霧の中からうんこが姿を現した。

spread

[spréd] スプレド 発音

活用 spread-spread

I'm going to do unko, so spread out the sheet on the ground, please.

beat

[bíːt] ビート

活用 beat-beaten

Unko raining from the sky beats against the window.

count

[káunt] カウント

熟語 count on ～

OK, let's count the pieces of unko we collected today.

act

[ǽkt] エァクト

I just acted to protect my unko.

動 〜を広げる

PART2 | 0473 | 準2級

今からうんこをするのでシートを<u>広げて</u>おいてください。

動 〜を打つ

PART2 | 0474 | 準2級

空から降って来たうんこが窓を<u>打つ</u>。

動 〜を数える

PART2 | 0475 | 準2級

熟語 〜を当てにする

では，今日集めたうんこの数を<u>数えて</u>みましょう。

動 行動する
名 行為

PART2 | 0476 | 3級

ぼくは自分のうんこを守るために<u>行動した</u>までだ。

trust

PART 2 | 0477 | 準2級

[trʌst] トゥラスト

I <u>trusted</u> you and gave you my unko!

connect

PART 2 | 0478 | 準2級

[kənékt] カネクト

Let's <u>connect</u> two pieces of unko with a USB cable.

create

PART 2 | 0479 | 準2級

[kriéit] クリエイト

This unko is also a piece of art you <u>created</u>.

design

PART 2 | 0480 | 2級

[dizáin] ディザイン

Stack the unko in the shape I <u>designed</u>.

動 ～を信頼する

きみを信頼してうんこを預けたのに。

動 ～をつなぐ

うんことうんこを USB ケーブルでつないでみよう。

動 ～を創造する

このうんこも，きみが創造した作品の1つなんだよ。

動 ～を設計する
名 デザイン

私が設計したとおりにうんこを積み重ねてください。

fold

[fould] フォウゥド

fold up the unko and put it in my chest pocket

control

[kəntróul] カントゥロウゥ

The government is trying to control even the number of times we do unko.

print

[print] プリント

print a barcode on unko

decorate

[dékərèit] デカレイト アクセント

decorate the entrance with unko and a fir tree

動 ～を折りたたむ，折る

うんこを折りたたんで胸ポケットにしまう

動 ～を管理する

政府は我々のうんこの回数まで管理しようとしている。

動 ～を印刷する

うんこにバーコードを印刷する

動 ～を飾る

最初を強く読みます。

玄関にもみの木とうんこを飾る

translate

[trǽnsleit] トゥレァンスレイト

an app that <u>translates</u> the word "unko" into different languages

family

[fǽməli] フェァミリィ

複数 families

an app for sharing unko information with your <u>family</u>

place

[pleis] プレイス

an app that shows <u>places</u> you have done unko on a map

city

[síti] スィティ

複数 cities

an app that informs you about unko events in the <u>city</u>

動 ～を翻訳する

「うんこ」という単語を各国語に翻訳するアプリ

名 家族

家族とうんこの情報を共有できるアプリ

名 場所

これまでうんこをした場所を地図上に表示するアプリ

名 市，都市

市のうんこイベントを通知してくれるアプリ

course

[kɔːrs] コース

熟語 Of course.

an app that shows the <u>course</u> to nearby unko

year

[jiər] イァァ

How many <u>years</u> are you going to make me wait for a piece of unko?

kind

[kaind] カインド

This unko is a <u>kind</u> I've never seen before.

letter

[létər] レタァ

I got a long, long <u>letter</u> from my teacher complimenting my unko.

名 進路

熟語 もちろん。

近くにあるうんこまでの進路を表示してくれるアプリ

名 年

うんこ1つに，いったい何年待たせるんですか！

名 種類

このうんこは今までに見たことがない種類だね。

名 手紙，文字

先生から，私のうんこを褒める長い長い手紙をもらった。

town

[taun] タウン

You've come to this <u>town</u>, so you should see his unko.

future

[fjúːtʃər] フューチャ

熟語 in the future

I didn't think one piece of unko could ever change the <u>future</u>.

problem

[prábləm] プラブレム

He spotted the <u>problem</u> my unko had with one look.

trip

[trip] トゥリップ

熟語 go on a trip

Could you take care of my unko while I'm on my <u>trip</u>?

名 町

この町に来たなら，彼のうんこを見ておくといい。

名 未来

熟語 将来は

まさかうんこ1つで未来が変わるわけないと思っていた。

名 問題

彼は，私のうんこが抱える問題を一目で見抜いた。

名 旅行

熟語 旅行に行く

旅行の間だけ，うんこを預かってもらえないかな。

party

[pá:rti] パーティ

複数 parties

I did unko in my pants before the <u>party</u> even started.

volunteer

[vɑləntíər] ヴァランティアァ **アクセント**

look for <u>volunteers</u> to do unko

store

[stɔ:r] ストーァ

I believe that <u>store</u> sells unko.

uncle

[ʌ́ŋkl] アンコゥ **発音**

I learned how to do unko this way from my <u>uncle</u>.

名 パーティー

パーティーが始まる前からうんこはもらしていたんです。

名 ボランティア

後ろを強く読みます。

うんこをしてくれるボランティアを募る

名 店

たしかあそこの店はうんこを取り扱っているはずだ。

名 おじ

このうんこのやり方はおじに教えてもらいました。

news

[nju:z] ニューズ 発音

The noise from my father's unko is too loud, so I can't hear the <u>news</u>.

history

[hístəri] ヒストゥリィ

複数 histories

This unko will be written about in <u>history</u> textbooks.

front

[frʌnt] フラント

熟語 in front of ～

unko placed in <u>front</u> of the exit of the parking lot

window

[wíndou] ウィンドウ

The man doing unko at the <u>window</u> over there is my father.

名 ニュース

父のうんこの音で<u>ニュース</u>が全然聞こえない。

名 歴史

このうんこは<u>歴史</u>の教科書に載るレベルだ。

名 前

熟語 ～の前に

駐車場の出口の<u>前</u>に置かれたうんこ

名 窓

あそこの<u>窓</u>際でうんこをしているのが父です。

concert

[kánsə:rt] カンサ〜ト

Unko was carried into the concert hall.

building

[bíldiŋ] ビゥディング

A man with unko ran into this building.

bike

[baik] バイク

熟語 by bike

The unko I placed on the sidewalk was run over by a bike.

group

[gru:p] グループ

A group holding unko is protesting against the government.

名 コンサート PART2 | 0505 | 5級

コンサート会場にうんこが運び込まれていった。

名 建物 PART2 | 0506 | 4級

うんこを持った男がこの建物に逃げ込みました。

名 自転車 PART2 | 0507 | 5級

熟語 自転車で

歩道に置いておいたうんこを自転車にひかれた。

名 集団, グループ PART2 | 0508 | 4級

うんこを持った集団が政府に抗議している。

plant

PART2 | 0509 | 4級

[plænt] プレァント

This <u>plant</u> grows fruit that is like unko.

earth つづり

PART2 | 0510 | 3級

[ə:rθ] ア～ス

At this rate, the huge piece of unko will crash into the <u>earth</u>.

sky

PART2 | 0511 | 5級

[skai] スカイ

複数 skies

When I was looking up at the <u>sky</u>, I forgot that I did unko in my pants.

forest

PART2 | 0512 | 4級

[fɔ́:rəst] フォーレスト

Some pieces of unko are placed as landmarks in the <u>forest</u>.

PART 2 基本レベル

名 植物

動 〜を植える

この<u>植物</u>にはうんこのような実がなります。

名 地球

このままでは巨大うんこが<u>地球</u>に衝突してしまう。

名 空

<u>空</u>を眺めていたら，うんこをもらしたことなど忘れてしまった。

名 森

<u>森</u>の中には道しるべとしてうんこが置いてあります。

rain

[rein] レイン

I saw a young man doing unko in the heavy <u>rain</u>.

snow

[snou] スノウ

<u>Snow</u> is starting to pile up on the unko I placed in the yard.

kitchen つづり

[kítʃin] キチン

The pieces of unko rolled into the <u>kitchen</u>.

college

[kálidʒ] カーリヂ

This is unko I received from a <u>college</u> teacher I respect.

名 雨
動 雨が降る

激しい雨の中，うんこをしている青年を見た。

名 雪
動 雪が降る

庭に置いてあるうんこに雪が積もってきた。

名 台所

うんこが台所のほうに転がっていってしまった。

名 大学

これは大学時代の恩師にもらったうんこです。

scientist

PART 2 | 0517 | 3級

[sáiəntist] サイエンティスト

Scientists were speechless when they saw
Quentin's unko.

door

PART 2 | 0518 | 5級

[dɔːr] ドーァ

The principal was doing unko in front of the
door to the music room.

corner

PART 2 | 0519 | 4級

[kɔ́ːrnər] コーナァ

The principal was doing unko at the corner in
the hallway.

light

PART 2 | 0520 | 5級

[lait] ライト

The principal was doing unko under the light
in the schoolyard.

名 科学者

クエンティンのうんこを見て、科学者たちは言葉を失った。

名 ドア

校長先生が音楽室のドアの前でうんこをしていた。

名 角

校長先生が廊下の角でうんこをしていた。

名 明かり，光
形 明るい

校長先生が校庭の明かりの下でうんこをしていた。

speech

PART 2 | 0521 |

[spiːtʃ] スピーチ

The principal was making a speech to himself and doing unko.

holiday

PART 2 | 0522 |

[hάlədei] ハリデイ

I paint oil paintings of unko on my holidays.

feeling

PART 2 | 0523 | 3級

[fíːliŋ] フィーリング

I sense a feeling of freedom from your unko.

trouble

PART 2 | 0524 | 3級

[trΛbl] トゥラボゥ

熟語 be in trouble

I'm sorry for the trouble caused by the unko incident, sir.

名 スピーチ，演説

校長先生が一人でスピーチをしながらうんこをしていた。

名 休日

休日はうんこの油絵を描いたりして過ごします。

名 感じ，気持ち

きみのうんこからは自由な感じが伝わってくる。

名 心配，トラブル

熟語 困っている

うんこの件では先生に心配をおかけしました。

dad

[dæd] **デァッド**

<u>Dad</u>, you moved my unko without asking me, didn't you?

aunt

[ænt] **エァント**

My <u>aunt</u> had a job importing unko from abroad.

point

[pɔint] **ポイント**

It looks like just a small <u>point</u>, but it's a fine piece of unko.

dollar

[dálər] **ダ**ラァ

I buy unko for 200 <u>dollars</u> for a piece.

名 お父さん

お父さん，ぼくのうんこ勝手に動かしたでしょう。

名 おば

おばは外国からうんこを輸入する仕事をしていた。

名 点
動 〜を指す

小さな点にしか見えませんが，立派なうんこなんです。

名 ドル

うんこ1個200ドルで買い取ります。

piece

[pi:s] ピース

You can change your life with a piece of unko.

village

[vílidʒ] **ヴィ**リヂ

The unko in this village is a little strange.

daughter

[dɔ́:tər] **ド**ータァ

I plan to give this piece of unko to my daughter when she grows up.

bridge

[bridʒ] **ブ**リヂ

a bridge built for transporting unko

名 (a piece of ～で)
1つの～

人生はうんこ 1 つで変えられる。

名 村

この村のうんこは何か変だ。

名 娘

娘が大きくなったら，このうんこを渡そうと思っている。

名 橋

d を忘れないようにしましょう。

うんこを運ぶために作られた橋

voice

[vɔis] **ヴォ**イス

My grandfather talks in a strange <u>voice</u> while he is doing unko.

museum

[mjuːzíːəm] ミュー**ズ**ィーアム （アクセント）

The unko <u>museum</u> was closed.

shoe

[ʃuː] **シュー**

<u>shoes</u> made of unko

difference

[dífərəns] **ディ**フェレンス

The <u>difference</u> in our thinking has shown up even in our unko.

名 声

祖父は奇妙な<u>声</u>をあげながらうんこをする。

名 博物館, 美術館

うんこの<u>博物館</u>は閉鎖されました。

名 くつ

うんこで作った<u>くつ</u>

名 違い

ぼくらの思想の<u>違い</u>がうんこにも表れたね。

wheelchair

[hwíːltʃeər] フウィーゥチェアァ

This <u>wheelchair</u> automatically dodges unko.

meaning

[míːniŋ] ミーニング

What is the <u>meaning</u> of hanging unko over the front door?

air

[eər] エアァ

This unko has the property of purifying <u>air</u>.

office

[ɔ́ːfis] オーフィス

Could you come to our <u>office</u> to pick up your unko?

名 車いす

この<u>車いす</u>はうんこを自動で避けてくれます。

名 意味

うんこを玄関につるすのはどういう<u>意味</u>があるんですか?

名 空気

このうんこには<u>空気</u>を浄化する性質があります。

名 事務所

うちの<u>事務所</u>までうんこを取りに来てもらえますか?

fan

PART2 | 0541 | 4級

[fæn] フェアン

fan unko with a <u>fan</u>

hotel

PART2 | 0542 | 5級

[houtél] ホウテゥ (アクセント)

On Sunday, I did unko all day in the <u>hotel</u>.

arm

PART2 | 0543 | 5級

[ɑ:rm] アーム

That man has a tattoo of unko on his <u>arm</u>.

body

PART2 | 0544 | 5級

[bádi] バディ

複数 bodies

My grandfather is twisting his <u>body</u> and doing unko.

名 おうぎ，うちわ

動 ～をあおぐ

PART2 | 0541 | 4級

おうぎでうんこをあおぐ

名 ホテル

PART2 | 0542 | 5級

後ろを強く読みます。

日曜日はホテルで一日中うんこをしていました。

名 腕

PART2 | 0543 | 5級

その男は腕にうんこのタトゥーがある。

名 体

PART2 | 0544 | 5級

祖父が体をひねってうんこをしている。

host

PART2 | 0545

[houst] ホウスト

You can go in if you show your unko to the
host of the party.

contest

PART2 | 0546

[kántest] カンテスト

Why don't you enter your unko in the
contest, too?

opinion

PART2 | 0547

[əpínjən] オピニオン （アクセント）

My opinions on unko often oppose his.

hair

PART2 | 0548

[heər] ヘアァ

Hair cannot grow on a piece of unko.

名 主催者，主人

パーティーの主催者にうんこを見せれば中に入れます。

名 コンテスト

あなたのうんこもコンテストに出してみませんか？

名 意見

彼とはうんこについての意見が食い違うことが多い。

名 髪の毛

うんこに髪の毛が生えるはずないだろう。

hobby

[hάbi] ハビィ

複数 hobbies

For me, unko is both a hobby and a job.

information

[infərméiʃən] インフォメイション

Click here for detailed information on unko.

art

[ɑːrt] アート

Unko is art, and art is unko.

baby

[béibi] ベイビィ

複数 babies

My father has the posture of a baby when he does unko.

名 趣味

ぼくにとって，うんこは趣味であり仕事だ。

名 情報

うんこについての詳しい情報はこちらをクリック。

名 芸術

うんこは芸術であり，芸術はうんこだ。

名 赤ちゃん

父は赤ちゃんのような姿勢でうんこをします。

environment

PART 2 | 0553 | 3級

[inváiərənmənt] インヴァイアロンメント

How can I do unko in an environment like this?

Mt.

PART 2 | 0554 | 4級

[maunt] マウント

an *ukiyo-e* painting using Mt. Fuji and unko as its motif

size

PART 2 | 0555 | 5級

[saiz] サイズ

Why are you so focused on the size of unko?

camera

PART 2 | 0556 | 5級

[kǽmərə] ケァメラ

Don't point your camera at my unko without permission.

名 環境

n を忘れないようにしましょう。

こんな環境でどううんこをしろと?

名 (山の名前につけて)
〜山

富士山とうんこをモチーフにした浮世絵

名 大きさ

なぜそこまでうんこの大きさにこだわるんですか?

名 カメラ

人のうんこに勝手にカメラを向けないで。

trash

PART 2 | 0557 | 3級

[træʃ] トゥレァッシ

Don't you think unko is trash?

action

PART 2 | 0558 | 3級

[ǽkʃən] エァクション

Your actions will decide the fate of the unko.

son

PART 2 | 0559 | 4級

[sʌn] サン

I had my first animated conversation about unko with my son in ages.

activity

PART 2 | 0560 | 3級

[æktívəti] エァクティヴィティ アクセント

複数 activities

A lot of unko is necessary to continue our activities.

名 ごみ

うんこを<u>ごみ</u>だと思ってませんか？

名 行動

きみの<u>行動</u>がうんこの運命を決める。

名 息子

久しぶりに<u>息子</u>とうんこの話で盛り上がった。

名 活動

私たちの<u>活動</u>を続けるためには大量のうんこが必要です。

hall

[hɔ:l] ホーゥ

The mayor's unko is on display in the center of the <u>hall</u>.

road

[roud] ロウド

do unko in the middle of the <u>road</u>

foot

[fut] フッ

複数 feet
熟語 on foot

The unko was about the size of my <u>foot</u>.

plastic

[plǽstik] プレァスティク

keep unko in a case made of <u>plastic</u>

名 **ホール**

PART2 | 0561 | 4級

ホールの中央に市長のうんこが飾ってある。

名 **道路**

PART2 | 0562 | 5級

道路のど真ん中でうんこをする

名 **足**

PART2 | 0563 | 5級

熟語 徒歩で　　　　　　　　　　　足首から下の部分をさします。

だいたい僕の足のサイズと同じくらいのうんこでした。

名 **プラスチック**
形 **プラスチックの**

PART2 | 0564 | 準2級

うんこをプラスチック製のケースにしまう

294

video

PART2 | 0565 | 5級

[vídiòu] **ヴィ**ディオウ

The next part of the unko video will be
released tomorrow.

earthquake

PART2 | 0566 | 3級

[ə́ːrθkwèik] **ア**〜スクウェイク

If there's an earthquake, stop doing unko
immediately and evacuate.

line

PART2 | 0567 | 4級

[lain] **ライ**ン

line unko up along the white line

finger

PART2 | 0568 | 5級

[fíŋɡər] **フィ**ンガァ

balance a piece of unko on my finger tip

名 動画，ビデオ　　　PART2 | 0565 | 5級

うんこの動画の続きは明日公開します。

名 地震　　　PART2 | 0566 | 3級

地震が来たら直ちにうんこを中止して避難を。

名 線　　　PART2 | 0567 | 4級

うんこを白い線に沿って並べる

名 (手の) 指　　　PART2 | 0568 | 5級

指先にうんこを乗せてバランスをとる

writer

[ráitər] ライタァ

There is a picture of the writer's unko on the cover of the book.

society

[səsáiəti] ソサイエティ 発音

複数 societies

We can say that society as a whole wants unko.

age

[eidʒ] エイヂ

There are age restrictions on the viewing of this unko.

fire

[fáiər] ファイアァ

David has the ability to change unko into fire.

名 筆者，作家

PART 2 | 0569 | 4級

本の表紙に，筆者のうんこの写真がのっている。

名 社会

PART 2 | 0570 | 3級

社会全体がうんこを求めているということでしょう。

名 年齢

PART 2 | 0571 | 3級

こちらのうんこの閲覧には年齢制限があります。

名 火，火事

PART 2 | 0572 | 4級

デヴィッドはうんこを火に変える能力を持っている。

guest

[gest] ゲスト

A guest's unko should be treated with care.

power

[páuər] パウアァ

You can't lift this piece of unko with power alone.

clerk

[klə:rk] クラ〜ク

A clerk handed me some unko when I left.

pocket

[pákət] パケト (アクセント)

I can't find the unko I put in my pocket.

名 **客**

客をもてなす「主人」は host です。

客のうんこは丁重に扱うべきです。

名 **力**

PART2 | 0574 | 5級

力だけではこのうんこは持ち上がらないよ。

名 **事務員, 店員**

PART2 | 0575 | 3級

事務の人が帰りにうんこを手渡してくれた。

名 **ポケット**

PART2 | 0576 | 4級

ポケットに入れておいたはずのうんこがない。

meat

PART 2 | 0577 | 4級

[míːt] ミート

Who mistakes meat for unko?

shape

PART 2 | 0578 | 3級

[ʃéip] シェイプ

adjust the shape of the piece of unko with a spatula

service

PART 2 | 0579 | 準2級

[sə́ːrvəs] サ〜ヴィス

If you bring your own unko, you can get high-class service.

uniform

PART 2 | 0580 | 5級

[júːnəfɔ̀ːrm] ユーニフォーム

My brother always puts on his uniform when he does unko.

名 肉

肉とうんこをふつう見間違えますか？

名 形

うんこの形をへらで整える

名 サービス

うんこを持参すると上質なサービスを受けられる。

名 制服

兄はうんこをするとき必ず制服に着がえる。

field

PART 2 | 0581 | 3級

[fi:ld] フィールド

熟語 field trip

a <u>field</u> buried in unko

sweater

PART 2 | 0582 | 5級

[swétər] スウェタァ 発音

do unko in just a <u>sweater</u>

interview

PART 2 | 0583 | 5級

[íntərvjù:] インタヴュー

The singer had an <u>interview</u> about unko.

poster

PART 2 | 0584 | 5級

[póustər] ポウスタァ

Unko <u>posters</u> are posted all around town.

名 畑，野原

熟語 遠足

うんこで埋め尽くされた<u>畑</u>

名 セーター

<u>セーター</u>1枚だけ着てうんこをする

名 インタビュー，面接

歌手がうんこについて<u>インタビュー</u>を受けていた。

名 ポスター

うんこの<u>ポスター</u>が町中に貼られている。

theater

[θíːətər] スィーアタァ

I want to do unko on stage at this <u>theater</u> someday.

university

[jùːnəvə́ːrsəti] ユーニ**ヴァ**〜スィティ

複数 universities

I'll show you how to pass the entrance exam for the <u>university</u> with unko.

site

[sait] サイト

With a <u>site</u> this big, we can store as much unko as we want.

rule

[ruːl] ル—ゥ

As the <u>rules</u> dictate, I'm going to confiscate your unko.

名 劇場

いつかこの<u>劇場</u>のステージでうんこをしてみたい。

名 大学

うんこで<u>大学</u>に合格する方法，教えます。

名 用地

これだけの<u>用地</u>があれば，いくらでもうんこを保管できる。

名 規則

<u>規則</u>にのっとって，あなたのうんこを没収させていただきます。

chorus

PART 2 | 0589 | 3級

[kɔ́:rəs] コーラス

Which should I join, the <u>chorus</u> or the unko club?

neighbor つづり

PART 2 | 0590 | 3級

[néibər] ネイバァ 発音

I had a fun conversation with my <u>neighbor</u> about unko.

bottle

PART 2 | 0591 | 3級

[bɑ́tl] バタゥ

unko in a <u>bottle</u>

gift

PART 2 | 0592 | 5級

[gift] ギフト

How about giving unko as a <u>gift</u> to your special person?

名 合唱, 合唱団　　　PART2 | 0589 | 3級

合唱部とうんこ部, どちらに入ろうか。

名 隣人　　　PART2 | 0590 | 3級

隣人とうんこの話で盛り上がった。

名 びん　　　PART2 | 0591 | 3級

びん入りのうんこ

名 贈り物　　　PART2 | 0592 | 5級

大切な人への贈り物にうんこはいかがですか。

tower

[táuər] タウァァ

I piled pieces of unko up and made a <u>tower</u> that reached the sky.

percent

[pərsént] パセント （アクセント）

This notebook is made of 98 <u>percent</u> unko.

speaker

[spí:kər] スピーカァ

The next <u>speaker</u> is an unko specialist.

pleasure

[pléʒər] プレジャ （発音）

熟語 It's my pleasure.

Please don't take the <u>pleasure</u> of unko away from us.

名 塔

うんこを積み重ね，天まで届く塔を作った。

名 パーセント

このノートの材料は98パーセントうんこだそうです。

名 話す人

次に話していただく方は，うんこの専門家です。

名 楽しみ

熟語 どういたしまして。

ぼくらから，うんこという楽しみを奪わないでください。

guide

PART 2 | 0597 | 3級

[gaid] ガイド

The guide went to do unko and hasn't come
back yet.

bathroom

PART 2 | 0598 | 5級

[bǽθruːm] ベァスルーム

Someone was yelling, "Unko!" in the
bathroom.

bell

PART 2 | 0599 | 4級

[bel] ベゥ

When unko comes out, ring this bell.

fever

PART 2 | 0600 | 準2級

[fíːvər] フィーヴァ

put unko on my forehead to lower my fever

名 案内人，ガイド
動 ～を案内する

案内人がうんこに行ったまま戻ってこない。

名 浴室

浴室から「うんこ！」と絶叫する声が聞こえた。

名 ベル

うんこが出たらこちらのベルをお鳴らしください。

名 熱

おでこにうんこをのせて熱を冷ます

stair つづり

PART2 | 0601 | 3級

[stéər] ステアァ

When I reached the top of the stairs, there was a piece of unko there.

shower

PART2 | 0602 | 5級

[ʃáuər] シャウアァ

熟語 take a shower

an unko shower

headache つづり

PART2 | 0603 | 3級

[hédeik] ヘデイク

熟語 have a headache

My headache went away when I was thinking about unko.

population

PART2 | 0604 | 準2級

[pὰ:pjəléiʃən] パーピュレイシャン

Is the number of pieces of unko on the ground proportional to the population?

名 (stairsで) 階段　　　PART**2** | 0601 | 3級

階段を上り切るとうんこがぽつんと置いてあった。

名 シャワー　　　PART**2** | 0602 | 5級

熟語 シャワーを浴びる

うんこのシャワー

名 頭痛　　　PART**2** | 0603 | 3級

熟語 頭痛がする

うんこのことを考えていたら頭痛が治った。

名 人口　　　PART**2** | 0604 | 準2級

落ちているうんこの数と人口は比例しますか？

grandma

[grǽndmà:] グレァンマー

Grandma, thanks for sending me unko.

grandpa

[grǽndpà:] グレァンパー

My grandpa has a bigger piece of unko.

coat つづり

[kout] コウト

I always wear a coat when I do unko.

traffic

[trǽfik] トゥレァフィク

The traffic is a mess because of your unko.

名 **おばあちゃん**

PART2 | 0605 | 5級

おばあちゃん，うんこを送ってくれてありがとう。

名 **おじいちゃん**

PART2 | 0606 | 5級

うちのおじいちゃんはもっと大きいうんこを持ってる
よ。

名 **コート**

PART2 | 0607 | 5級

うんこをするときはコートを着ると決めてるんです。

名 **交通**

PART2 | 0608 | 準2級

きみのうんこのせいで交通状況がめちゃめちゃだ。

period

[píəriəd] ピァリオド

I got a piece of unko from the Warring States <u>period</u>.

quiz

[kwiz] クウィズ

複数 quizzes

The answer to all 100 questions on the <u>quiz</u> was "unko."

price

[prais] プライス

I can't put a <u>price</u> on this piece of unko.

moment

[móumənt] モウマント

I got the idea the <u>moment</u> I did unko in my pants.

名 時代，ピリオド

戦国時代のうんこを手に入れた。

名 クイズ

クイズの答えが 100 問とも「うんこ」だった。

名 値段

このうんこには値段などつけられません。

名 瞬間

うんこをもらした瞬間，アイデアがひらめいた。

amount

[əmáunt] アマウント

You did this <u>amount</u> of unko and you give me no explanation?

past

[pæst] ペァスト

You don't have to worry about unko of the <u>past</u>.

west

[west] ウェスト

If you put unko on the <u>west</u> side of your bed, your luck will increase.

ocean

[óuʃən] オウシャン

Let's return this unko to the <u>ocean</u>.

名 量，金額

PART2 | 0613 | 準2級

これだけの<u>量</u>のうんこをしておいて，説明もなしですか？

名 過去
形 過去の

PART2 | 0614 | 準2級

<u>過去</u>のうんこについて思い悩むことはない。

名 西
形 西の

PART2 | 0615 | 4級

ベッドの<u>西</u>側にうんこを置くと運気がアップするでしょう。

名 海，大洋

PART2 | 0616 | 3級

このうんこは<u>海</u>に返そうじゃないか。

government つづり

[gʌ́vərnmənt] ガヴァンメント

Even the <u>government</u> sees your unko as a problem.

stick

[stik] スティク

There was a <u>stick</u> for stabbing unko for sale.

coin

[kɔin] コイン

He stuck a <u>coin</u> into the unko with no expression on his face.

mirror

[mírər] ミラァ

Today, let's have fun and reflect pieces of unko in the <u>mirror</u>.

名 政府

政府もきみのうんこを問題視している。

名 棒

うんこをつつく専用の棒が売っていた。

名 硬貨, コイン

彼は無表情で硬貨をうんこに突きさした。

名 鏡

今日はうんこを鏡に映して遊ぼう。

product

[prádʌkt] プラダクト

The <u>product</u> delivered was covered in unko, so I couldn't use it.

hole

[houl] ホウゥ

poke a <u>hole</u> in the unko with a metal skewer

shirt つづり

[ʃəːrt] シャ〜ト

I always change my <u>shirt</u> when I do unko.

topic

[tá:pik] タービク

When I talk with him, the <u>topic</u> is always unko.

名 **製品**

届いた<u>製品</u>がうんこまみれで使用できませんでした。

名 **穴**

金串でうんこに<u>穴</u>をあける

名 **シャツ**

私はうんこをするたびに<u>シャツ</u>を着がえます。

名 **話題**

彼と話すと<u>話題</u>はいつもうんこのことになる。

wonder

[wʌ́ndər] ワンダァ

It's a <u>wonder</u> that you won't show me your unko.

effort

[éfərt] エファト

My <u>effort</u> was rewarded, and I got the unko I wanted.

movement

[múːvmənt] ムーヴメント

The man doing unko over there and making weird <u>movements</u> is my father.

stage

[steidʒ] ステイヂ

run all around the <u>stage</u> and do unko

名 不思議

動 不思議に思う

どうしてうんこを見せてくれないのか不思議だ。

名 努力

努力のかいあって，目当てのうんこを入手できた。

名 動き

あそこで奇妙な動きでうんこをしているのが父です。

名 舞台

舞台を縦横無尽に走りながらうんこをする

photo

[fóutou] フォウトウ

put a <u>photo</u> of unko in a frame and hang it on the wall

picnic

[píknik] ピクニク

go on a <u>picnic</u> with only unko

actor

[ǽktər] エァクタァ

The <u>actor</u> has been practicing one line, "Unko, you say…?" for forever.

beginner つづり

[bigínər] ビギナァ アクセント

There are no <u>beginners</u> or professionals when you do unko.

名 写真
（photographの短縮形）

PART2 | 0629 | 5級

名 ピクニック

PART2 | 0630 | 4級

うんこだけを持ってピクニックに行く

名 俳優

PART2 | 0631 | 4級

俳優が「うんこだと…?」という台詞をずっと練習している。

名 初心者

PART2 | 0632 | 3級

うんこに初心者もプロもないだろう。

cookie

[kúki] クキィ

If you'd like, how about cookies after doing unko?

challenge

[tʃǽlindʒ] チェアリンヂ

OK, the next challenge is unko-grabbing.

article

[ɑ́ːrtikl] アーティコゥ

He found an article that insulted his unko and became furious.

audience

[ɔ́ːdiəns] オーディァンス

An unko call from the audience has started.

名 クッキー

よろしければ，うんこの後にクッキーはいかがですか。

名 挑戦
動 挑戦する

さあ，次はうんこの手づかみに挑戦です。

名 記事

彼は自分のうんこを中傷する記事を見つけて怒り狂った。

名 聴衆

聴衆のうんこコールが始まった。

customer

PART 2 | 0637 | 準2級

[kʌ́stəmər] カスタマァ

a system for managing the <u>customers</u>' unko

athlete

PART 2 | 0638 | 3級

[ǽθliːt] エァスリート (アクセント)

compare the unko of normal people and <u>athletes</u>

staff

PART 2 | 0639 | 準2級

[stǽf] ステァフ

The entire <u>staff</u> is currently away to do unko.

photographer

PART 2 | 0640 | 4級

[fətágrəfər] フォタグラファ (アクセント)

A <u>photographer</u> is shooting unko while he is lying on the ground.

名 顧客

顧客のうんこを管理するシステム

名 運動選手

一般人のうんこと運動選手のうんこを比較する

名 職員，スタッフ

ただいま職員は全員うんこに行っております。

名 写真家

写真家が地面に横たわってうんこを撮影している。

shop

[ʃɑp] シャップ

a <u>shop</u> that will buy unko of any kind

blog

[blɑ:g] ブラーグ

Can I write about today's unko in my <u>blog</u>?

researcher

[risə́:rtʃər] リサ～チャ

Unko <u>researchers</u> from around the world gathered in Tokyo.

website

[wébsait] ウェブサイト

order the unko I wanted from a <u>website</u>

名 店

どんなうんこでも買い取ってくれる<u>店</u>

名 ブログ

今日のうんこのこと，<u>ブログ</u>に書いてもいいですか？

名 研究者

世界中のうんこの<u>研究者</u>が東京に集まった。

名 ウェブサイト

欲しかったうんこを<u>ウェブサイト</u>で注文する

wind

[wind] ウィンド

My grandfather is doing unko in a flurry of <u>wind</u>.

smartphone

[smάːrtfoun] スマートフォウン

Put your <u>smartphone</u> near the unko.

goods

[gudz] グズ

Unko <u>goods</u> are the only things we sell.

seafood

[síːfuːd] スィーフード

roll a can of <u>seafood</u> into the piece of unko

祖父が突風の中でうんこをしている。

名 スマートフォン　　　　　　PART2 | 0646 | 3級

お手持ちのスマートフォンをうんこに近づけてみてください。

名 商品, 品物　　　　　　　　PART2 | 0647 | 5級

当店で扱っております商品はうんこのみでございます。

名 シーフード　　　　　　　　PART2 | 0648 | 3級

シーフードの缶詰を転がしてうんこに当てる

AI

[èiái] エイ**ア**イ

This unko is equipped with AI.

cooking

[kúkiŋ] **ク**キング

My mother's hobby is cooking, and my father's is doing unko.

musical

[mjú:zikəl] ミュー**ズ**ィカゥ

a 3-hour musical with an unko theme

subway

[sʌ́bwei] **サ**ブウェイ

transport unko on the subway

名 人工知能

artificial intelligence の省略形です。

こちらのうんこは人工知能を搭載しています。

名 料理

母の趣味は料理で，父の趣味はうんこです。

名 ミュージカル
形 音楽的な

うんこをテーマにした 3 時間のミュージカル

名 地下鉄

うんこを地下鉄で運ぶ

drill

[dril] ドリゥ

a special <u>drill</u> which uses unko

pond

[pɑnd] パンド

Your unko is at the bottom of the <u>pond</u> now.

presentation

[prèzəntéiʃən] プレザンテイシャン

make a <u>presentation</u> on my unko research to the class

row

[rou] ロウ

Don't put unko between the <u>rows</u>.

名 訓練

PART 2 | 0653 | 3級

うんこを活用した特殊な訓練

名 池

PART 2 | 0654 | 5級

きみのうんこは今ごろ池の底だよ。

名 発表，
プレゼンテーション

PART 2 | 0655 | 準2級

うんこについて調べたことをクラスで発表する

名 (席などの) 列

PART 2 | 0656 | 準2級

列と列の間にうんこを置かないでください。

title

[táitl] **タイタゥ**

The title of the second work is "The Piece of Unko Strikes Back."

tournament

[túərnəmənt] **トゥァナマント** 発音

Only the winner of the tournament can get the unko.

chef

[ʃef] **シェフ**

He looks like a first-class chef when he does unko.

delivery

[dilívəri] **ディリヴァリィ**

複数 deliveries

We started an unko delivery service.

名 題名 PART2 | 0657 | 4級

2作目の題名は「うんこの逆襲」です。

名 トーナメント PART2 | 0658 | 準2級

トーナメントを勝ち上がったものだけがうんこを手にできる。

名 シェフ, 料理長 PART2 | 0659 | 3級

彼がうんこをする姿はまるで一流シェフのようだ。

名 配達 PART2 | 0660 | 準2級

うんこの配達サービスを始めました。

winner

[wínər] ウィナァ

The people wish to see the <u>winner</u>'s unko.

ton

[tʌn] タン

We can prepare up to a hundred <u>tons</u> of unko in one day.

apron

[éiprən] エイプロン

Today, I'll try doing unko with an <u>apron</u> on.

bean

[bi:n] ビーン

I thought it was a <u>bean</u> and picked it up, but it was a piece of unko.

名 勝者

n は 2 つです。

民衆は勝者のうんこを見たいと思うものだ。

名 トン(重さの単位)

うんこ100トンまでなら，1日で用意できます。

名 エプロン

今日はエプロンをつけてうんこをしてみよう。

名 豆

豆かと思って手に取ったらうんこだった。

pot

[pɑt] パト

a <u>pot</u> specifically for unko

sunrise

[sʌ́nraiz] サンライズ

The unko disappeared like sand at <u>sunrise</u>.

cafe

[kæféi] ケァフェイ （アクセント）

You can talk about unko in this <u>cafe</u>.

nothing

[nʌ́θiŋ] ナスィング

There is <u>nothing</u> bad about unko.

名 つぼ

うんこを入れる専用の<u>つぼ</u>

名 日の出

そのうんこは<u>日の出</u>とともに砂のように消滅した。

名 喫茶店

この<u>喫茶店</u>はうんこの話をしても大丈夫です。

代 何も〜ない

not 〜 anything を使って表すこともできます。

うんこに欠点など<u>ない</u>。

right

[rait] ライト

Turn the piece of unko on the <u>right</u> side toward the camera a little.

left

[left] レフト

Put the piece of unko on the <u>left</u> side a little closer to your face.

kind

[kaind] カインド

Be <u>kind</u> to people who have done unko in their pants.

popular つづり

[pápjulər] パピュラァ

比較 more popular-most popular

Unko was featured on a program that is <u>popular</u> among young people.

形 右の，正しい
名 右

PART2 | 0669 | 5級

右のうんこをもう少しカメラに向けてください。

形 左の
名 左

PART2 | 0670 | 4級

左のうんこをもう少しご自分の顔に近づけてください。

形 親切な

PART2 | 0671 | 5級

うんこをもらした人には親切にしよう。

形 人気のある

PART2 | 0672 | 5級

若者に人気の番組でうんこが特集された。

glad

[glæd] グレアッド

熟語 be glad to ~

I'm very <u>glad</u> that I can finally talk about unko with you.

own

[oun] オウン

I'm just filming my <u>own</u> unko.

traditional

[trədíʃənəl] トゥラ**ディ**ショナゥ

This is the <u>traditional</u> way of doing unko in this region.

special

[spéʃəl] ス**ペ**シャゥ

You stomped on a piece of unko that was <u>special</u> to them.

形 うれしい

熟語 ～してうれしい

やっときみとうんこの話ができてとてもうれしい。

形 自分自身の

私は自分自身のうんこを撮影しているだけですが？

形 伝統的な

これがこの地方の伝統的なうんこのやり方です。

形 特別な

きみは，彼らにとって特別なうんこを踏みつけたんだ。

wrong つづり

[rɔ:ŋ] ローング

That is the <u>wrong</u> way to use unko.

light

[lait] ライト

This unko is <u>light</u> and portable.

careful

[kéərfəl] ケアフォゥ

比較 more careful-most careful

Be <u>careful</u> to make sure there isn't more unko on the ground.

pretty

[príti] プリティ

比較 prettier-prettiest

attach <u>pretty</u> patches to unko

形 間違った

それはうんこの間違った使い方だよ。

形 軽い

「重い」は heavy です。

軽くて持ち運びやすいうんこですね。

形 注意深い

他にもうんこが落ちていないか注意深く見ておこう。

形 かわいい

うんこにかわいいワッペンを貼り付ける

international

[ìntərnǽʃənəl] インタネァショナゥ アクセント

比較 more international-most international

Unko may become a means for <u>international</u> exchange.

quiet

[kwáiət] クワイエト

The sound of my father's unko echoes across the <u>quiet</u> night.

friendly

[fréndli] フレンドゥリィ

比較 more friendly-most friendly

I did unko with him, and he was a very <u>friendly</u> person.

poor

[puər] プァァ

The <u>poor</u> city became rich thanks to his unko.

形 国際的な

うんこは<u>国際的な</u>交流手段になり得るはずだ。

形 静かな

<u>静かな</u>夜に父のうんこの音が鳴り響く。

形 友好的な

彼とは一緒にうんこをしましたが，とても<u>友好的な</u>人でした。

形 貧しい，かわいそうな

<u>貧しい</u>街が彼のうんこによって豊かになった。

common

PART2 | 0685 | 3級

[kámən] カモン

比較 more common-most common

There is no common international opinion on unko.

angry

PART2 | 0686 | 5級

[ǽŋgri] エァングリィ

Christopher has the ability to turn into unko when he's angry.

real

PART2 | 0687 | 準2級

[ríːəl] リーアゥ

There are a few people who realize the real value of unko.

lonely

PART2 | 0688 | 3級

[lóunli] ロウンリィ

比較 lonelier-loneliest

On lonely nights, I sleep with unko in my arms.

形 共通の

うんこに対する万国共通の考え方などない。

形 怒った

クリストファーは，怒るとうんこに変身する能力の持ち主だ。

形 本当の

うんこの本当の価値に気づいている人は少ない。

形 さびしい

さびしい夜はうんこを抱いて眠る。

bright

[brait] ブライト

unko that shines in seven <u>bright</u> colors

dangerous

[déindʒərəs] デインヂャラス

比較 more dangerous-most dangerous

a remarkably <u>dangerous</u> piece of unko

natural

[nǽtʃərəl] ネァチュラゥ

比較 more natural-most natural

a piece of unko which may overturn the
<u>natural</u> principles

nervous

[nə́:rvəs] ナ〜ヴァス

比較 more nervous-most nervous

You're just <u>nervous</u> about unko, Mom.

形 輝いている　　　PART2 | 0689 | 3級

七色に輝くうんこ

形 危険な　　　PART2 | 0690 | 3級

著しく危険なうんこ

形 自然の　　　PART2 | 0691 | 3級

自然の法則をくつがえしかねないうんこ

形 神経質な，心配している　　　PART2 | 0692 | 3級

母さんはうんこに神経質になってるんだ！

several

[sévərəl] セヴラゥ

I'll introduce several unique pieces of unko from around the world.

national

[næʃənl] ネァショナゥ

Your unko is a source of national pride.

terrible

[térəbl] テリボゥ

比較 more terrible-most terrible

What terrible unko this man does!

deep

[di:p] ディープ

The unko has sunk to a pretty deep level.

形 いくつかの

PART2 | 0693 | 準2級

世界のユニークなうんこを<u>いくつか</u>ご紹介します。

形 国民の，国の

PART2 | 0694 | 3級

きみのうんこは<u>国民の</u>誇りだ。

形 おそろしい，ひどい

PART2 | 0695 | 準2級

r は 2 つです。

なんと<u>おそろしい</u>うんこをする男だ。

形 深い
副 深く

PART2 | 0696 | 5級

うんこはだいぶ<u>深い</u>ところまで沈んでしまったようだ。

cheap

[tʃi:p] チープ

<u>Cheap</u> unko is OK, so please go get me a piece of unko.

crowded

[kráudid] クラウディド

 比較 more crowded-most crowded

Let's avoid talking about unko in <u>crowded</u> places.

scared

[skéərd] スケアド

 熟語 be scared of ～

You don't have to be <u>scared</u> of unko.

daily

[déili] デイリィ

Unko is inseparable from <u>daily</u> life.

形 **安い**

安いうんこでいいから急いで買ってきて。

形 **こみ合った**

こみ合ったところではうんこの話は避けておこう。

形 **怖がった**

熟語 ～が怖い

うんこを怖がる必要はないよ。

形 **日常の**

うんこは日常生活から切り離せないでしょう。

similar つづり

[símələr] スィマラァ

比較 more similar-most similar

He has many very <u>similar</u> pieces of unko.

fantastic

[fæntǽstik] フェァン**テァ**スティク アクセント

This photo album of unko is <u>fantastic</u>.

perfect

[pə́ːrfikt] パ〜フィクト

If there is <u>perfect</u> unko somewhere in this world, this is it.

possible

[pásəbl] パスィボゥ

熟語 as soon as possible

It is <u>possible</u> to lead the people with just a piece of unko.

形 同じような

彼は<u>同じような</u>うんこをいくつも持っている。

形 すばらしい，空想的な

このうんこ写真集は<u>すばらしい</u>。

形 完全な

この世に<u>完全な</u>うんこというものがあるとすれば，これだ。

形 可能な

熟語 できるだけ早く

うんこ1つで民衆を統率することも<u>可能で</u>ある。

serious

PART2 | 0705 | 準2級

[síəriəs] スィリァス

The man doing unko with a serious face over there is my father.

shy

PART2 | 0706 | 3級

[ʃai] シャイ

比較 shier-shiest

Can a shy person really do unko in a place like that?

various

PART2 | 0707 | 準2級

[véəriəs] ヴェアリァス 発音

We have various kinds of unko available.

wide

PART2 | 0708 | 3級

[waid] ワイド

It's so wide that you can line up a lot of unko.

形 真剣な，重大な

あそこで真剣な顔でうんこをしているのが父です。

形 はずかしがりの

本当にはずかしがりなら，あんなところでうんこができるかな。

形 さまざまな

当店はさまざまなうんこを取りそろえております。

形 幅が広い

これだけ幅が広ければ，かなりうんこが並べられる。

thick

[θik] スィク

a piece of unko that is as <u>thick</u> as a brick

helpful

[hélpfəl] ヘゥプフォゥ

比較 more helpful-most helpful

This unko will surely be <u>helpful</u> on your journey.

unique

[juːníːk] ユーニーク 発音

比較 more unique-most unique

Todd makes a <u>unique</u> expression when he does unko.

peaceful

[píːsfəl] ピースフォゥ

It was a <u>peaceful</u> time when we were talking about unko.

形 厚い

レンガのように<u>分厚い</u>うんこ

形 役立つ

このうんこはあなたの旅できっと<u>役立つ</u>でしょう。

形 独特な

トッドはうんこをするとき<u>独特な</u>表情をする。

形 平和な

うんこの話をしている間は，<u>平和な</u>時間だった。

thirsty

[θə́:rsti] **サ〜スティ**

I'm thirsty, but first let me do unko.

successful

[səksésfl] サク**セ**スフォゥ

The unko of successful businesspeople has similarities.

positive

[pázətiv] **パ**ズィティヴ

You should be more positive about doing unko.

powerful

[páuərfəl] **パ**ウァフォゥ

My brother screamed, "Unko!" in a powerful voice.

形 のどがかわいた

のどがかわいているが，まずはうんこをさせてほしい。

形 成功した

成功したビジネスマンのうんこには共通点がある。

形 積極的な

もっとうんこに積極的になってみようよ。

形 力強い

兄は力強い声で「うんこ！」とさけんだ。

main

PART 2 | 0717 | 準2級

[mein] メイン

The <u>main</u> use of unko is recreational viewing.

bored

PART 2 | 0718 | 4級

[bɔːrd] ボード

比較 more bored-most bored

The <u>bored</u> audience wants unko stories.

effective

PART 2 | 0719 | 準2級

[iféktiv] イフェクティヴ

I'll show you an <u>effective</u> exercise with unko.

living

PART 2 | 0720 | 5級

[líviŋ] リヴィング

This is a <u>living</u> piece of unko.

形 **主な**

うんこの<u>主な</u>使用法は鑑賞です。

形 **退屈した**

<u>退屈した</u>聴衆がうんこの話を求めています。

形 **効果的な**

f は 2 つです。

うんこを使った<u>効果的な</u>エクササイズを教えましょう。

形 **生きている**

このうんこは<u>生きている</u>。

so

[sou] ソウ

If you're <u>so</u> interested in unko, why don't you come to my house?

maybe

[méibi] メイビィ

<u>Maybe</u> he's thinking only about unko now.

away

[əwéi] アウェイ (アクセント)

Everyone, step <u>away</u> from the unko right now.

far

[fɑːr] ファー

比較 farther, further-farthest, furthest

Something that looks like unko is floating in the <u>far</u> away sky.

副 そんなに
接 それで

そんなにうんこに興味があるなら，うちに来ない？

副 たぶん，もしかすると

彼はたぶん今うんこのことしか頭にないよ。

副 はなれて

全員，直ちにうんこからはなれてください。

副 遠くに

遠くの空にうんこらしきものが浮いている。

suddenly

[sʌ́dnli] **サ**ドゥンリ

The teacher suddenly started doing unko in the hallway.

abroad

[əbrɔ́ːd] ア**ブロー**ド

熟語 go abroad

I will flush my unko before going abroad.

once

[wʌns] **ワ**ンス

If you see his unko even once, you'll never forget it.

either

[íːðər] **イー**ザァ

I don't have much interest in things other than unko, either.

副 突然

先生が<u>突然</u>廊下でうんこを始めた。

副 外国に

熟語 外国に行く

<u>外国に</u>行く前にうんこを流しておこう。

副 一度，かつて

<u>一度</u>でも彼のうんこを見たら忘れることは不可能だ。

副 〜もまた(…でない)

私<u>も</u>，うんこ以外のものにはあまり興味がないですね。

instead

[instéd] インステド **発音**

熟語 instead of ～

Can I use unko instead?

forward

[fɔ́ːrwərd] フォーワド

熟語 look forward to ～

keep passing the unko forward

certainly

[sɔ́ːrtnli] サ～トゥンリ

Certainly, this is my unko without a doubt.

especially

[ispéʃəli] イスペシャリ **アクセント**

The piece of unko I especially like is this one.

副 代わりに

熟語 ～の代わりに

代わりにうんこではだめですか？

副 前方へ

熟語 ～を楽しみに待つ

うんこをどんどん前方へパスする

副 確かに

確かに，これはどう見てもぼくのうんこだ。

副 特に

特に気に入っているうんこはこれです。

anyway

[éniwèi] エニウェイ

Anyway, hurry up and finish doing unko!

twice

[twais] トゥ**ワ**イス

I did unko in my pants twice in one hour.

everywhere

[évrihwèər] エヴリウェアァ

You can find unko everywhere in the school.

forever

[fɔːrévər] フォーレヴァ

A piece of unko once flushed is gone forever.

副 とにかく

とにかく，早くうんこを終わらせてください！

副 2度，2倍

1時間で2度うんこをもらした。

副 どこでも

校内ならどこでもうんこを見つけられますよ。

副 永遠に

一度流したうんこは永遠に戻ってこない。

like

PART2 | 0737 | 5級

[laik] ライク

熟語 look like 〜

What is the object that looks <u>like</u> unko on your shoulder?

above

PART2 | 0738 | 4級

[əbʌ́v] アバヴ

Dragonflies are flying <u>above</u> the unko.

while

PART2 | 0739 | 3級

[hwail] フワイゥ

熟語 after a while
for a while

The movie finished <u>while</u> I was gone doing unko.

though

PART2 | 0740 | 準2級

[ðou] ゾウ

<u>Though</u> you are my best friend, I can't give you this unko.

前 〜のような

PART2 | 0737 | 5級

熟語 〜のように見える

肩に乗せているうんこの<u>ような</u>物体は何ですか？

前 〜の上の方で

PART2 | 0738 | 4級

「〜の下に」は below と言います。

うんこ<u>の上で</u>トンボが舞っている。

接 〜する間に
名 しばらくの間

PART2 | 0739 | 3級

熟語 しばらくして
しばらくの間

うんこに行って<u>いる間に</u>映画が終わってしまった。

接 〜だけれども

PART2 | 0740 | 準2級

きみは親友<u>だけれども</u>，このうんこはあげられない。

close

PART 3 | 0741 | 5級

[klouz] クロウズ

close the lid to keep unko in the bottle

exchange

PART 3 | 0742 | 3級

[ikstʃéindʒ] イクスチェインヂ

Selling and exchanging unko is forbidden on the premises.

draw

PART 3 | 0743 | 4級

[drɔː] ドゥロー

活用 drew-drawn

I'm usually drawing unko during tests.

laugh

PART 3 | 0744 | 3級

[læf] レァフ 発音

Did you just look at my unko and laugh?

動 ～を閉める，閉まる

PART3 | 0741 | 5級

うんこを密閉するためにしっかりふたを<u>閉める</u>

動 ～を交換する
名 交換

PART3 | 0742 | 3級

会場内でのうんこの売買，<u>交換</u>は禁止されています。

動 （線で）描く，～を描く

PART3 | 0743 | 4級

テスト中はだいたいうんこの絵を<u>描いて</u>います。

動 笑う

PART3 | 0744 | 3級

今私のうんこを見て<u>笑い</u>ました？

explain

[ikspléin] イクスプレイン

I will explain the unko incident the other day.

throw

[θrou] スロウ

活用 threw-thrown

The principal is throwing unko at us from the roof.

recycle

[rì:sáikl] リーサイコゥ

soap made by recycling unko

express

[iksprés] イクスプレス

3単現 expresses

The dancer is expressing "unko" with her fierce dancing.

動 〜を説明する

先日のうんこの件について<u>ご説明いたし</u>ます。

動 〜を投げる

校長が屋上からうんこを<u>投げて</u>くる。

動 〜をリサイクルする

うんこを<u>リサイクルして</u>作ったせっけん

動 〜を表現する

ダンサーが激しい踊りで「うんこ」を<u>表現して</u>いる。

paint

[peint] ペイント

Is it really OK to <u>paint</u> unko on this wall?

raise

[reiz] レイズ

<u>raise</u> both hands and do unko

ring

[riŋ] リング

活用 rang-rung

The phone kept <u>ringing</u>, but he didn't stop doing unko.

marry

[méri] メリ

3単現 marries

Is it legally possible to <u>marry</u> unko?

動 （絵の具で）描く，
〜を描く

「ペンキ，絵の具」という意味もあります。

本当にこの壁にうんこの絵を描いていいんですか？

動 〜を上げる，育てる　　

両手を上に上げてうんこをする

動 （電話などが）鳴る　　
名 指輪

電話が鳴り続けても，彼はうんこをやめなかった。

動 〜と結婚する　　

うんこと結婚することは法的に可能ですか？

reduce

[ridʒúːs] リデュース

reduce the amount of unko in the beaker

hit

[hit] ヒッ

活用 hit-hit

Wes hit the unko hard with a metal bat.

guess

[ges] ゲス 発音

3単現 guesses

I guess that he actually wanted unko.

cover

[kʌ́vər] カヴァ

cover unko with a bath towel

動 ～を減らす PART3 | 0753 準2級

ビーカーに入っているうんこの量を減らす

動 ～を打つ PART3 | 0754 5級

ウェスは金属バットで思いきりうんこを打った。

動 ～を推測する PART3 | 0755 3級

彼は本当はうんこがほしかったんだろうと推測します。

動 ～をおおう PART3 | 0756 3級

バスタオルでうんこをおおう

skate

PART 3 | 0757 | 5級

[skeit] スケイト

skate with unko on your head

increase

PART 3 | 0758 | 準2級

[inkríːs] インクリース

The number of people who do unko in their pants has been increasing.

enter

PART 3 | 0759 | 3級

[éntər] エンタァ

enter the piece of unko

kid

PART 3 | 0760 | 3級

[kid] キド

You mustn't kid people who are seriously doing unko.

動 スケートをする

うんこを頭の上に乗せてスケートをする

動 増加する
名 増加

うんこをもらす人の数が増加しています。

動 〜に入る

うんこの中に入る

動 からかう
名 子ども

真剣にうんこをしている人をからかってはいけない。

kick

[kik] キック

A piece of unko he <u>kicked</u> hit the net.

pull

[pul] プゥ

If you <u>pull</u> this lever toward yourself, unko comes out.

seem

[si:m] スィーム

This <u>seems</u> like the unko of some living organism.

hide

[haid] ハイド

活用 hid-hidden

<u>hide</u> unko inside my sleeve

動 ～をける

彼がけったうんこはゴールネットに突き刺さった。

動 ～を引く

このレバーを手前に引くとうんこが出てきます。

動 ～のように思われる

これは何らかの生命体のうんこのように思われます。

動 ～をかくす

うんこをそでの内側にかくす

discover

[diskʌ́vər] ディス**カ**ヴァ

I <u>discovered</u> historical materials related to unko.

fill

[fil] **フィ**ゥ

Unko <u>fills</u> the bathtub.

hang

[hæŋ] **ヘァ**ング

活用 hung-hung

<u>hang</u> unko on a coat rack

tie

[tai] **タ**イ 発音

You have to <u>tie</u> the rope tighter or the unko will fall.

動 ～を発見する

うんこに関する歴史的資料を<u>発見しました</u>。

動 ～を満たす

うんこが浴槽を<u>満たす</u>。

動 ～を掛ける

うんこをコート掛けに<u>掛ける</u>

動 ～を結ぶ
名 ネクタイ

もっとロープをきつく<u>結ば</u>ないとうんこが落ちてしまう。

include

PART 3 | 0769 | 準2級

[inklú:d] インクルード アクセント

Is unko <u>included</u> in that set?

accept

PART 3 | 0770 | 準2級

[əksépt] アクセプト

They <u>accept</u> even people who have done unko in their pants.

disagree

PART 3 | 0771 | 2級

[dìsəgrí:] ディサグリー アクセント

I <u>disagree</u> with you about unko.

depend

PART 3 | 0772 | 準2級

[dipénd] ディペンド

熟語 depend on ～

When you want to do unko, you can <u>depend</u> on him.

動 ～を含む

そのセットの中にうんこは<u>含まれて</u>いますか？

動 ～を受け入れる

彼らはうんこをもらした人でも<u>受け入れて</u>くれる。

動 意見が合わない

後ろを強く読みます。

きみとはうんこについての<u>意見が合わない</u>。

動 頼る

熟語 ～を頼る

うんこがしたいときは彼を<u>頼る</u>といい。

fail

[feil] フェイゥ

The teacher tried to jump over the unko but failed.

judge つづり

[dʒʌdʒ] ヂャヂ

He judged wisely, so we didn't do unko in our pants.

remind

[rimáind] リマインド

熟語 remind ～ of ...

This unko reminds me of my younger days.

destroy

[distrói] ディストゥロイ

destroy unko with a bulldozer

動 失敗する

先生はうんこを跳び越えようとしたが，失敗した。

動 ～を判断する，判断する
名 裁判官

彼の賢明な判断のおかげでうんこをもらさずに済んだ。

動 ～に思い出させる

熟語 ～に…を思い出させる

このうんこを見ると青春時代のことを思い出します。

動 ～を破壊する

ブルドーザーでうんこを破壊する

deliver

[dilívər] ディリヴァ (アクセント)

deliver unko on a moped

shoot

[ʃuːt] シュート

活用 shot-shot

The sniper shot the piece of unko 800 meters ahead of him.

pray

[prei] プレイ

The village chief has been praying to the unko for seven days.

recommend

[rèkəménd] レカメンド (アクセント)

I recommended your unko to the committee.

動 ～を配達する

原付バイクでうんこを<u>配達する</u>

動 ～を撃つ

スナイパーが 800 メートル先のうんこを<u>撃った</u>。

動 祈る

村長はもう 7 日間うんこに<u>祈って</u>いる。

動 ～を推薦する

委員会にはきみのうんこを<u>推薦しておいた</u>よ。

select

[səlékt] セレクト

Select the unko you like and push the OK button.

search

[sə:rtʃ] サ〜チ

3単現 searches

search for the unko I put in the closet

survive

[sərváiv] サ**ヴァ**イヴ (アクセント)

I survived thanks to this unko.

decrease

[dì:krí:s, dí:kri:s] ディークリース , **ディ**ークリース

The number of people who know about the old unko has decreased.

動 ～を選択する

好きなうんこを選択して決定ボタンを押してください。

動 さがす
名 検索

押し入れにしまったうんこをさがす

動 生き残る

私が生き残ったのはこのうんこのおかげだ。

動 減少する
名 減少

昔のうんこのことを知る人間も減ってきた。

serve

[sə:rv] サ〜ヴ

You can <u>serve</u> the food after you finish doing unko.

attract

[ətrǽkt] アトゥレアクト (アクセント)

Men who were <u>attracted</u> to his unko gathered.

last

[lǽst] レァスト

If the unko talk is going to <u>last</u> any longer, I'll leave.

affect

[əfékt] アフェクト (アクセント)

Your unko problem will likely <u>affect</u> foreign diplomacy, too.

動 （料理など）を出す

PART3 | 0785 準2級

料理を出すのはうんこを終わらせてからでいいですよ。

動 ～をひきつける

PART3 | 0786 準2級

t は 2 つです。

彼のうんこにひきつけられた男たちが集った。

動 続く
形 この前の

PART3 | 0787 4級

これ以上うんこの話が続くなら帰らせていただきます。

動 ～に影響を及ぼす

PART3 | 0788 2級

きみのうんこの問題が外交にも影響を及ぼしそうだ。

sink

PART3 | 0789 | 準2級

[siŋk] スィンク

活用 sank-sunk

My father's unko sank toward the bottom of the lake.

charge

PART3 | 0790 | 準2級

[tʃɑ́:rdʒ] チャーヂ

illuminate the unko with the light that I fully charged

ban

PART3 | 0791 | 2級

[bæn] ベァン

ing形 banning

Doing unko in the hallway is banned from now on.

dive

PART3 | 0792 | 準2級

[daiv] ダイヴ

He dived into the ocean and searched for unko.

動 沈む

父のうんこが湖底に<u>沈んで</u>いった。

動 ～を充電する

フル<u>充電した</u>ライトでうんこを照らす

動 ～を禁止する

今後廊下でのうんこを<u>禁止します</u>。

動 もぐる

彼は海に<u>もぐって</u>うんこを探しに行った。

relate

[riléit] リレイト

It's foolish to <u>relate</u> unko to crime.

remove

[rimúːv] リムーヴ

<u>remove</u> a small piece of unko with tweezers

jog

[dʒɑg] ヂャグ

 jogging

Doing unko and <u>jogging</u> is good for your health.

garden

[gɑ́ːrdn] ガードゥン

a <u>garden</u> decorated with historical unko

動 ～を関係させる

うんこと犯罪を関係づけるのは愚かな考えだ。

動 ～を取り除く

細かいうんこをピンセットで取り除く

動 ゆっくり走る

ゆっくり走りながらのうんこは健康によい。

名 庭園

歴史的なうんこが飾られた庭園

march

[mɑ:rtʃ] マーチ

The <u>march</u> stopped because unko was in the way.

chance

[tʃæns] チェアンス

熟語 by chance

This is a good <u>chance</u> to discuss unko.

dictionary つづり

[díkʃənəri] ディクショナリ

複数 dictionaries

compare the weight of a <u>dictionary</u> and a piece of unko

noon

[nu:n] ヌーン

When <u>noon</u> comes, you'll see unko that will surprise you.

名 行進

うんこが邪魔で<u>行進</u>が止まってしまった。

名 機会

熟語 たまたま

これはうんこについて話し合ういい<u>機会</u>だ。

名 辞書

<u>辞書</u>とうんこの重さを比べる

名 正午

<u>正午</u>になればあっと驚くうんこが見られますよ。

advice

[ədváis] アドゥ**ヴァイス** アクセント

When my father gives <u>advice</u>, he always compares things to unko.

program

[próugræm] プロウグレァム

a TV <u>program</u> that debates about unko

wall

[wɔːl] **ウォーゥ**

The man who is climbing the <u>wall</u> and doing unko over there is my father.

prize

[praiz] プ**ライズ**

My brother's unko won an international <u>prize</u>.

名 アドバイス

父はアドバイスをするときいつもうんこに例える。

名 番組, プログラム

うんこについて討論するテレビ番組

名 壁

あそこで壁を登りながらうんこをしているのが父です。

名 賞

兄のうんこが世界的な賞を受賞した。

graph

[græf] グレァフ

a <u>graph</u> that shows the frequency of unko-doing in pants

ground

[graund] グラウンド

I caught the unko just before it hit the <u>ground</u>.

technology

[teknálədʒi] テクナラヂ

複数 technologies

scan unko with the latest <u>technology</u>

space

[speis] スペイス

a project to send unko into <u>space</u>

名 グラフ

うんこをもらした回数を表した<u>グラフ</u>

名 地面

うんこが<u>地面</u>につく寸前にキャッチした。

名 科学技術

最先端の<u>科学技術</u>でうんこを解析する

名 宇宙

うんこを<u>宇宙</u>に飛ばすプロジェクト

floor

[flɔːr] フローァ

My little brother is rolling unko around on the floor and having fun.

mind

[maind] マインド

Let us always keep unko in mind.

sign

[sain] サイン

a mysterious sign carved in a piece of unko

energy

[énərdʒi] エナヂィ

This ship moves by changing unko into energy.

名 床，階

弟がうんこを床で転がして遊んでいる。

名 心
動 ～を気にする

いつもいつも，心にうんこを持とう。

名 記号，標識

うんこに刻まれた謎の記号

名 エネルギー

この船はうんこをエネルギーにして動いています。

comic

[kámik] カミク

He is a man who does unko like in a comic book.

market

[má:rkit] マーキッ

If you search the market, you can find great bargains on unko.

tour

[tuər] トゥアァ

a tour to see the different unko all around the world

sightseeing

[sáitsi:iŋ] サイトゥスィーイング

I only came to do unko, not to do sightseeing.

名 まんが

まんがみたいなうんこをする男だ。

名 市場

市場を探すと，掘り出し物のうんこに出会える。

名 旅行，ツアー

世界各地のうんこを見に行くツアー

名 観光

観光ではなく，うんこをしに来ただけです。

musician

[mju:zíʃən] ミュー**ズィ**シャン アクセント

The musician is drumming unko and writing a song.

leg

[leg] レグ

A piece of unko about the length of my leg always comes out.

radio

[réidiou] レイディオウ 発音

check the latest unko information on the radio

north

[nɔːrθ] ノース

You can see the Unko constellation in the night sky to the north.

名 音楽家

音楽家がうんこをたたいて曲作りをしている。

名 脚

いつもだいたい脚と同じくらいの長さのうんこが出る。

名 ラジオ

ラジオでうんこの最新情報をチェックする

名 北
形 北の

北の夜空にうんこ座が見える。

dress

[dres] ドゥレス

This is a <u>dress</u> for the wedding, and that is a <u>dress</u> for doing unko.

top

[tɑp] タップ

There is a toothpick in the <u>top</u> of the piece of unko.

step

[step] ステップ

When he saw the unko, his <u>steps</u> stopped.

runner

[rʌ́nər] ラナァ

The first <u>runner</u> suddenly did unko in his pants.

名 服, ドレス

PART3 | 0821 | 5級

これは結婚式用の服, それはうんこ用の服です。

名 頂上, トップ

PART3 | 0822 | 4級

うんこの頂上部につまようじが刺さっている。

名 歩み
動 歩く

PART3 | 0823 | 4級

そのうんこを見た瞬間, 彼は歩みを止めた。

名 走者

PART3 | 0824 | 5級

第一走者がいきなりうんこをもらした。

bicycle

PART3 | 0825 | 5級

[báisikl] バイスィコゥ

a job delivering unko by <u>bicycle</u>

gate

PART3 | 0826 | 3級

[geit] ゲイト

A piece of unko is stuck in the <u>gate</u>, so it won't open.

date

PART3 | 0827 | 5級

[deit] デイト

Please write your name and the <u>date</u> on this unko.

million

PART3 | 0828 | 3級

[míljən] ミリョン

If you pray to a piece of unko a <u>million</u> times, you will turn into unko.

名 自転車

自転車でうんこを届ける職業

名 門

うんこが引っかかって門が開かない。

名 日付

こちらのうんこに名前と日付をご記入ください。

名 100万
形 100万の

うんこに 100 万回手を合わせると，うんこになれる。

order

PART 3 | 0829 | 4級

[ɔ́ːrdər] オーダァ

熟語 out of order

The waiter went to do unko without taking my order.

land

PART 3 | 0830 | 準2級

[lǽnd] レァンド

Lower the unko as soon as you find land.

temperature

PART 3 | 0831 | 3級

[témpərətʃər] テンプラチャ アクセント

This unko is affected by changes in temperature.

castle

PART 3 | 0832 | 4級

[kǽsl] ケァソゥ 発音

The king is promoting unko in the castle.

名 注文，順序
動 命令する

熟語 故障して

店員は私の<u>注文</u>を聞かずにうんこに行ってしまった。

名 陸地
動 着陸する

<u>陸地</u>を発見次第，うんこを投下せよ。

名 温度

このうんこは<u>温度</u>の変化に弱い。

名 城

t は発音しません。

王は<u>城</u>内でのうんこを奨励しておられる。

danger

[déindʒər] **デインヂャ**

An unko hunter's job is full of danger.

robot

[róubɑt] **ロウバト**

I invented a robot that does unko.

system

[sístəm] **スィスタム**

Unko is also a part of the social system.

painting

[péintiŋ] **ペインティング**

This is a painting of unko from the 18th century.

名 危険

うんこハンターの仕事は危険がいっぱいだ。

名 ロボット

うんこをするロボットを発明しました。

名 組織，制度

うんこも社会的組織の一部なのです。

名 絵

こちらは 18 世紀に描かれたうんこの絵画です。

wife

[waif] ワイフ

複数 wives

About the unko offer, please let me talk it over with my <u>wife</u>.

list

[list] リスト

I made a <u>list</u> of people who will probably show us their unko.

view

[vju:] ヴュー

do unko while you're looking at a beautiful <u>view</u>

situation

[sìtʃuéiʃən] スィチュエイシャン

I can't do unko immediately in a <u>situation</u> like this!

名 **妻**

PART3 | 0837 | 準2級

うんこの件ですが，一度妻に相談させてください。

名 **リスト**

PART3 | 0838 | 3級

うんこを見せてくれそうな人のリストを作っておいた
よ。

名 **ながめ**

PART3 | 0839 | 準2級

美しいながめを見ながらうんこをする

名 **状況**

PART3 | 0840 | 2級

こんな状況ですぐにうんこが出せるはずないでしょ
う？

hometown

PART3 | 0841 | 3級

[hóumtàun] ホウムタウン

There is some interesting unko in my <u>hometown</u>.

kilometer

PART3 | 0842 | 4級

[kilámətər] キラメタァ (アクセント)

A piece of unko with a length of 30 <u>kilometers</u> was discovered in space.

textbook

PART3 | 0843 | 5級

[tékstbuk] テクストゥブク

This book is like the <u>textbook</u> of unko.

scene

PART3 | 0844 | 3級

[si:n] スィーン

Now, the hero fights with unko in the next <u>scene</u>.

名 ふるさと，故郷の町

私の<u>ふるさと</u>にはちょっと珍しいうんこがあります。

名 キロメートル

長さ 30 <u>キロメートル</u>のうんこが宇宙で発見された。

名 教科書

これはうんこの<u>教科書</u>のような本です。

名 場面

さあ，次は主人公がうんこと戦う<u>場面</u>だ。

stadium

[stéidiəm] ステイディアム

a piece of unko placed in the middle of the <u>stadium</u>

taste

[teist] テイスト

I lose my sense of <u>taste</u> before and after doing unko.

medicine

[médəsən] メディスン

Does this <u>medicine</u> work on unko, too?

note

[nout] ノウト

熟語 take notes

Did you read carefully the <u>notes</u> on unko?

名 競技場

PART3 | 0845 | 5級

競技場の真ん中に置かれたうんこ

名 味
動 ～な味がする

PART3 | 0846 | 準2級

うんこをする前後はものの味が分からなくなる。

名 薬

PART3 | 0847 | 3級

この薬はうんこにも効きますか?

名 覚え書き, メモ

PART3 | 0848 | 2級

熟語 メモをとる

うんこに関する覚え書きをちゃんと読みましたか?

adult

[ədʌ́lt] アダゥト

This unko is for adults.

exam

[igzǽm] イグゼァム

We will now have a little exam by using unko.

husband

[hʌ́zbənd] ハズバンド

Yes, this is absolutely my husband's unko.

type

[taip] タイプ

I found a pretty old type of unko.

名 大人
形 大人の

このうんこは<u>大人</u>向けだね。

名 試験

これから，うんこを使ったちょっとした<u>試験</u>を行います。

名 夫

はい，<u>夫</u>のうんこに間違いありません。

名 型

ずいぶん昔の<u>型</u>のうんこを見つけた。

heat

PART 3 | 0853 | 3級

[hi:t] ヒート

The <u>heat</u> of the unko broke the glass case.

prefecture

PART 3 | 0854 | 4級

[prí:fektʃər] プリーフェクチャ （アクセント）

Unko is treated differently in different <u>prefectures</u>.

skill

PART 3 | 0855 | 3級

[skil] スキゥ

Some <u>skill</u> is needed to use unko effectively.

wave

PART 3 | 0856 | 2級

[weiv] ウェイヴ

The <u>waves</u> are flushing away the unko.

名 熱

うんこの<u>熱</u>でガラスケースが割れてしまった。

名 県

<u>県</u>によってうんこの扱われ方は違う。

名 技能

うんこを使いこなすにはそれなりの<u>技能</u>が必要だ。

名 波
動 手を振る

うんこが<u>波</u>に流されていく。

electricity

[ilektrísəti] イレクトゥリスィティ アクセント

Richard has the ability to turn unko into <u>electricity</u>.

reply

[riplái] リプライ

I talked to the unko, but there was no <u>reply</u>.

statue

[stǽtʃu:] ステァチュー 発音

Who put unko on the <u>statue</u> of the president?

symbol

[símbl] スィンボゥ

Unko is the <u>symbol</u> of youth.

名 電気

リチャードはうんこを電気に変える力を持つ。

名 返事
動 返事をする

うんこに話しかけたが，返事はなかった。

名 像

会長の像にうんこを乗せた者はだれですか？

名 象徴

うんこは青春の象徴だ。

grade

[greid] グレイド

You can do unko in the gym when your <u>grade</u> year rises.

planet

[plǽnit] プレァニト

So this <u>planet</u> was made of unko.

key

[ki:] キー

press the <u>key</u> into the unko

leaf

[li:f] リーフ

複数 leaves

You can hide a piece of unko if you have just one <u>leaf</u>.

名 学年，級 　　　PART3 | 0861 | 4級

学年が上がると，体育館でうんこができる。

名 惑星 　　　PART3 | 0862 | 準2級

この惑星はうんこでできていたのか。

名 かぎ 　　　PART3 | 0863 | 5級

うんこにかぎをさしこむ

名 葉 　　　PART3 | 0864 | 3級

葉っぱ1枚あればうんこを隠せますよ。

courage

[kə́:ridʒ] カ〜リヂ 発音

He showed <u>courage</u> and grabbed the piece of unko. Applause!

billion

[bíljən] ビリャン

Don't worry. There are a <u>billion</u> allies behind your unko.

police

[pəlí:s] ポリース アクセント

When the <u>police</u> stepped in, he was doing unko.

tool

[tu:l] トゥーゥ

a <u>tool</u> for attaching unko to the wall

名 **勇気**

勇気をもってうんこをつかんだ彼に拍手を。

名 **10億**
形 **10億の**

大丈夫。きみのうんこには 10 億人の味方がいる。

名 **警察**

後ろを強く発音します。

警察が踏み込んだとき，彼はうんこをしていた。

名 **道具**

うんこを壁に固定する道具

smell

[smel] スメゥ

The smell of lily flowers reminds me of the unko from that summer.

leader

[líːdər] リーダァ

If I had a good leader, I wouldn't do unko in my pants anymore.

passenger

[pǽsəndʒər] ペァセンヂャ

They should distribute unko to all the passengers.

influence

[ínfluəns] インフルァンス

This is clearly the influence of your unko.

名 におい
動 〜なにおいがする

ユリの花の<u>におい</u>は，あの夏のうんこを思い出させて
くれる。

名 指導者

優秀な<u>指導者</u>がいればこれ以上うんこをもらさずに済
むはずだ。

名 乗客

<u>乗客</u>全員にうんこを配るべきだ。

名 影響

最初を強く読みます。

これは明らかにきみのうんこの<u>影響</u>だ。

friendship

[fréndʃip] フレンドゥシプ

We developed our friendship through unko.

damage

[dǽmidʒ] ダァミヂ

The damage his unko did to the economy is big.

death つづり

[deθ] デス

Does unko also experience death?

meal

[miːl] ミーゥ

I finished my meal and my unko.

名 友情

ぼくらはうんこを通して友情を育んだ。

名 損害
動 〜に損害を与える

彼のうんこが経済に与えた損害は大きい。

名 死

うんこにも死があるのだろうか。

名 食事

食事もうんこも済ませてきました。

kindness

PART 3 | 0877 | 3級

[káindnəs] カインドゥネス

Thanks to your <u>kindness</u>, my unko came back.

lawyer

PART 3 | 0878 | 準2級

[lɔ́:jər] ローヤァ

a <u>lawyer</u> who specializes in unko-related cases

drama

PART 3 | 0879 | 4級

[drɑ́:mə] ドゥラーマ

He went to do unko several times during the <u>drama</u>.

speed

PART 3 | 0880 | 3級

[spi:d] スピード

This is the first pitcher to throw unko at this <u>speed</u>.

名 **親切**

あなたの<u>親切</u>のおかげでうんこが戻ってきました。

名 **弁護士**

うんこ関連の事件を専門で扱う<u>弁護士</u>

名 **劇**

彼は観<u>劇</u>中に何度もうんこに行った。

名 **速度**

これほどの<u>速度</u>でうんこを投げる投手は初めてだ。

jacket

[dʒǽkit] ヂェァキト

It's cold, so let's wear jackets and do unko.

freedom

[frí:dəm] フリーダム

The word "freedom" suits your unko very well.

spot

[spɑt] スパッ

This is an ideal spot for doing unko.

species

[spí:ʃi:z] スピーシーズ 発音

複数 species

I want to collect the unko of all species.

名 ジャケット

PART3 | 0881 | 4級

寒いのでジャケットを羽織ってうんこをしよう。

名 自由

PART3 | 0882 | 準2級

きみのうんこには「自由」という言葉がよく似合う。

名 場所，スポット

PART3 | 0883 | 準2級

ここはうんこをするのに理想的な場所だ。

名 （生物の）種

PART3 | 0884 | 準2級

あらゆる種のうんこを集めたい。

contact

[kántækt] **カ**ンテァクト

Contact with the other player's unko is against the rules.

emergency

[imə́:rdʒənsi] イ**マ**〜ヂェンスィ

It's an emergency, so stop doing unko immediately.

figure

[fígjər] **フィ**ギュァ

Chow's figure is as beautiful as a painting when he does unko.

novel

[ná:vl] **ナ**ーヴァゥ

I've never seen such unko even in an SF novel.

名 接触
動 接触する

相手のうんこへの<u>接触</u>は反則です。

名 緊急事態

<u>緊急事態</u>なので今すぐうんこをやめてください。

名 姿, 図

チャウがうんこをする<u>姿</u>は絵画のように美しい。

名 小説

こんなうんこは SF <u>小説</u>でも見たことがない。

record

PART3 | 0889 | 2級

[rékərd, rikɔ́:rd] レカド, リコード

the biggest piece of unko on <u>record</u>

degree

PART3 | 0890 | 準2級

[digrí:] ディグリー

I think it's OK to do unko in your pants to a certain <u>degree</u>.

midnight

PART3 | 0891 | 3級

[mídnàit] ミドナイト

I sang the hit song "Unko at <u>Midnight</u>" at karaoke.

sense

PART3 | 0892 | 準2級

[sens] センス

Refine your <u>sense</u> for unko!

|名| 記録

|動| 〜を記録する

名詞は前を, 動詞は後ろを強く発音します。

<u>記録</u>に残っている最大のうんこ

|名| 程度, 度

ある<u>程度</u>なら, うんこをもらしてもよいと思う。

|名| 真夜中

ヒット曲「<u>真夜中</u>のうんこ」をカラオケで歌った。

|名| 感覚

うんこに対する<u>感覚</u>を研ぎ澄ませろ。

toy

[tɔi] トイ

This is an unko toy, right?

angle

[ǽŋgl] エァンゴゥ

This is my first time to see unko from this angle.

climate

[kláimət] クライミト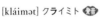

Climate change has also affected unko.

debate

[dibéit] ディベイト

Let's have a thorough debate on unko today.

名 おもちゃ

これはうんこのおもちゃなんですよね？

名 角度

この角度からうんこを見るのは初めてです。

名 気候

気候変動によってうんこにも影響が出ている。

名 討論
動 討論する

今日はうんこについて徹底的に討論しよう。

solution

[səlúːʃən] サルーシャン

I have one solution which uses unko.

cage

[keidʒ] ケイヂ

put unko in a cage and walk around with it

souvenir

[sùːvəníər] スーヴァニァ 発音

How about unko as a souvenir?

dancer

[dǽnsər] ヂァンサァ

The dancer did unko in her pants, but continued dancing.

名 解決，解決法

うんこを使った<u>解決策</u>が1つあります。

名 鳥かご

<u>鳥かご</u>にうんこを入れて持ち歩く

名 おみやげ

後ろを強く読みます。

<u>おみやげ</u>にうんこはいかがですか。

名 ダンサー

その<u>ダンサー</u>はうんこをもらしても踊り続けた。

mission

[míʃən] ミシャン

My <u>mission</u> is to bring unko back to my country.

disaster

[dizǽstər] ディ**ゼァ**スタァ

Let's think about ways to prevent <u>disasters</u> with unko.

president

[prézədənt] プレズィダント

The <u>president</u> started doing unko during his speech.

research

[ríːsəːrtʃ] リーサ〜チ

He is a leader in <u>research</u> on unko.

名 使命，任務　　　PART3 | 0901 | 2級

私の<u>使命</u>はうんこを母国に持ち帰ることだ。

名 災害　　　PART3 | 0902 | 準2級

うんこで<u>災害</u>を防ぐ方法を考えよう。

名 大統領，社長　　　PART3 | 0903 | 3級

<u>大統領</u>が演説中にうんこを始めた。

名 研究　　　PART3 | 0904 | 準2級

彼はうんこに関する<u>研究</u>の第一人者だ。

announcement

[ənáunsmənt] アナウンスマント

The government made an important <u>announcement</u> about unko.

crane

[krein] クレイン

My grandfather is standing like a <u>crane</u> and doing unko.

condition

[kəndíʃən] カン**ディ**シャン

The road <u>conditions</u> are poor, so the unko's arrival will be delayed.

performer

[pərfɔ́ːrmər] パ**フォー**マァ

The <u>performers</u> all started doing unko at the same time on stage.

名 **発表**

政府からうんこについて重大発表があった。

名 **ツル**

祖父がツルのようなポーズでうんこをしている。

名 **状況，調子**

道路の状況が悪く，うんこの到着が遅れています。

名 **役者，演奏家**

役者たちが舞台上でいっせいにうんこを始めた。

drone

[droun] ドロウン

attach unko to <u>drones</u> and fly them

grandparent

[grǽndpèərənt] グレァンドゥペアレント

My <u>grandparents</u> came from the countryside to see my unko.

issue

[iʃuː] イシュー

The <u>issue</u> now is your unko.

shelf

[ʃelf] シェゥフ

複数 shelves

Pieces of unko are lined up neatly on the <u>shelf</u>.

名 ドローン

ドローンにうんこをくくりつけて飛ばす

名 祖父母

ぼくのうんこを見に，田舎から祖父母が来てくれた。

名 問題

今問題になっているのはあなたのうんこなんですよ。

名 たな

うんこがたなに整然と並べられている。

trick

PART3 | 0913 | 2級

[trik] トゥリク

This is a clever <u>trick</u> which uses unko.

hint

PART3 | 0914 | 3級

[hint] ヒント

The second <u>hint</u> is "unko."

memorial

PART3 | 0915 | 3級

[məmɔ́ːriəl] メモーリァゥ

You can have the village mayor's unko as a <u>memorial</u>.

battery

PART3 | 0916 | 準2級

[bǽtəri] ベァタリィ

複数 batteries

put three triple A <u>batteries</u> in the piece of unko

名 **しかけ**

これはうんこを使った巧妙な<u>しかけ</u>だ。

名 **ヒント**

2番目の<u>ヒント</u>は「うんこ」です。

名 **記念品**

<u>記念品</u>として村長のうんこをどうぞ。

名 **電池**

うんこに単4<u>電池</u>を3本埋め込む

instrument

PART **3** | 0917 | 準2級

[ínstrəmənt] **イ**ンストゥラマント （アクセント）

Playing musical <u>instruments</u> and doing unko are forbidden at night.

graduation

PART **3** | 0918 | 準2級

[grædʒuéiʃən] グラァヂュ**エ**イシャン

Let's get together and do unko even after our <u>graduation</u>.

victim

PART **3** | 0919 | 準2級

[víktim] **ヴィ**クティム

<u>Victims</u> of your unko are increasing day by day.

stomachache つづり

PART **3** | 0920 | 4級

[stʌ́məkèik] ス**タ**マケイク

<u>Stomachaches</u> go away when I am touching this unko.

名 楽器(musical instrument)，器具 　PART3 | 0917 | 準2級

夜間の楽器演奏やうんこは禁止とします。

名 卒業 　PART3 | 0918 | 準2級

卒業してもまた集まってうんこをしよう。

名 被害者 　PART3 | 0919 | 準2級

きみのうんこの被害者は日に日に増えている。

名 胃痛 　PART3 | 0920 | 4級

このうんこに触れている間は胃痛が治まるんです。

envelope

PART 3 | 0921 | 3級

[énvəlòup] エンヴェロウプ

unko in an <u>envelope</u>

stationery つづり

PART 3 | 0922 | 準2級

[stéiʃənèri] ステイシャネリィ

Some people consider unko <u>stationery</u>.

focus

PART 3 | 0923 | 2級

[fóukəs] フォウカス

train the camera's <u>focus</u> on the unko

steam

PART 3 | 0924 | 準2級

[sti:m] スティーム

This is what happens if you point <u>steam</u> at unko for hours.

名 封筒

封筒の中のうんこ

名 文房具

うんこは文房具だという考え方もあるらしい。

名 焦点
動 〜の焦点を合わせる

カメラのレンズの焦点をうんこに合わせる

名 蒸気

うんこを何時間も蒸気に当て続けるとこうなります。

variety

[vəráiəti] ヴァ**ラ**イァティ

a video which introduces <u>a variety of</u> unko

beauty

[bjú:ti] ビューティ

People were speechless at the unko's <u>beauty</u>.

comedy

[kámədi] **カ**マディ

 comedies

Unko appears in <u>comedies</u> around the world.

fiction

[fíkʃən] **フィ**クシャン

Everyone thought his unko stories were <u>fiction</u>.

名 (a variety of 〜で)
さまざまな〜

さまざまなうんこを紹介する動画

名 美しさ

そのうんこの美しさに人々は言葉を失った。

名 喜劇

うんこは世界中の喜劇に登場する。

名 作り話

彼のうんこの話は作り話だとだれもが思った。

instruction

PART 3 | 0929 | 準2級

[instrʌ́kʃən] インストラクシャン

give my subordinates <u>instructions</u> to bring me unko

plate

PART 3 | 0930 | 5級

[pleit] プレイト

stack pieces of unko like <u>plates</u>

recipe

PART 3 | 0931 | 3級

[résəpi] レサピ

The method for making unko is not considered a <u>recipe</u>.

wisdom

PART 3 | 0932 | 2級

[wízdəm] ウィズダム

Anyone with any <u>wisdom</u> knows this is unko.

名 指示

部下にうんこを持ってくるよう<u>指示</u>を出す

名 皿, 板

うんこを<u>皿</u>のように積み重ねる

名 レシピ, 調理法

うんこの作り方のことを<u>レシピ</u>とは言わない。

名 知恵

少し<u>知恵</u>があれば, これがうんこであることくらいわかる。

loss

[lɔːs] ロース

The unko made up for my emotional <u>loss</u>.

backpack

[bǽkpæk] ベァクペァク

The person with the <u>backpack</u> doing unko over there is my father.

beginning つづり

[biɡíniŋ] ビギニング

The singer did unko in her pants at the <u>beginning</u> of the concert.

sale

[seil] セイゥ

Due to the circumstances, the <u>sale</u> of unko is suspended.

名 損失

僕の精神的損失をうんこが埋めてくれた。

名 バックパック

あそこでバックパックを背負ってうんこをしているのが
父です。

名 始まり

コンサートの始まりで歌手がうんこをもらした。

名 販売, セール

事情によりうんこの販売は中止となりました。

sun

[sʌn] サン

I want to try throwing unko into the sun.

user

PART3 | 0938 | 4級

[júːzər] ユーザァ

All the users of this camera take pictures of unko.

operation

PART3 | 0939 | 2級

[àpəréiʃən] アペレイシャン

The young prodigy doctor will bravely try an unko operation.

traveler

PART3 | 0940 | 3級

[trǽvələr] トゥレァヴラァ

It is forbidden for travelers to do unko in this country.

481

名 太陽

PART 3 | 0937 | 5級

ふつう the sun のように the をつけます。

太陽にうんこを投げ込んでみたい。

名 使用者

PART 3 | 0938 | 4級

このカメラの使用者はみんなうんこを撮る。

名 手術，操作

PART 3 | 0939 | 2級

若き天才医師がうんこの手術に挑む。

名 旅行者

PART 3 | 0940 | 3級

本国では旅行者がうんこをすることは禁じられております。

feature

PART 3 | 0941 | 準2級

[fíːtʃər] フィーチャ

This encyclopedia explains unko's <u>features</u> clearly.

feather

PART 3 | 0942 | 3級

[féðər] フェザァ

stick bird <u>feathers</u> in unko

survey

PART 3 | 0943 | 2級

[sə́ːrvei, səːrvéi] サ～ヴェイ, サ～ヴェイ

The unko <u>survey</u> on Mars began.

facility

PART 3 | 0944 | 2級

[fəsíləti] ファスィリティ

複数 facilities

You must show your unko to enter the <u>facility</u>.

名 特色，特徴

この図鑑はうんこの特色がよく分かる。

名 羽

うんこに鳥の羽をつきさす

名 調査
動 〜を調査する

火星におけるうんこの調査が開始された。

名 施設

施設への入場にはうんこの提示が必要です。

everybody

PART 3 | 0945 | 5級

[évribàdi] エヴリバディ

Everybody wants unko in their hearts.

strange

PART 3 | 0946 | 3級

[streindʒ] ストゥレインヂ

They surrounded the unko and began a strange dance.

proud

PART 3 | 0947 | 3級

[praud] プラウド

Our school is proud of your unko.

dark

PART 3 | 0948 | 4級

[dɑːrk] ダーク

dark blue unko

代 だれもがみな

everyone も同じような意味です。

だれもが心の中でうんこを求めている。

形 奇妙な

彼らはうんこを取り囲んで奇妙な踊りを始めた。

形 誇りに思っている

きみのうんこは我が校の誇りだ。

形 暗い

暗い青色のうんこ

lucky

[lʌ́ki] ラキ

比較 luckier-luckiest

You were <u>lucky</u> to see his unko.

able

[éibl] エイボゥ

熟語 be able to ～

If you need, I am <u>able</u> to do unko right here and now.

simple

[símpl] スィンポゥ

Please answer some <u>simple</u> questions about unko.

dirty つづり

[də́ːrti] ダ～ティ

比較 dirtier-dirtiest

The enemy used a <u>dirty</u> method to take the unko.

形 幸運な

彼のうんこを見られたのは幸運でしたね。

形 できる

熟語 〜することができる

必要なら今すぐここでうんこができます。

形 簡単な，単純な

うんこに関する簡単な質問にお答えください。

形 汚い

敵は汚い方法でうんこを奪っていった。

healthy

PART 3 | 0953 | 3級

[hélθi] ヘゥスィ

比較 healthier-healthiest

A <u>healthy</u> lifestyle makes good unko.

professional

PART 3 | 0954 | 5級

[prəféʃənl] プラフェシャナゥ

This is a <u>professional</u> tool for handling unko.

active

PART 3 | 0955 | 3級

[ǽktiv] エァクティヴ

比較 more active-most active

I recognize the unko of an <u>active</u> person with one look.

low

PART 3 | 0956 | 4級

[lou] ロウ

The ceiling is so <u>low</u> that it's hard to do unko.

形 健康な

PART3 | 0953 | 3級

健康な生活が良質のうんこを生む。

形 専門的な，プロの　　　　PART3 | 0954 | 5級

これはうんこを扱う専門的な道具です。

形 活動的な　　　　　　　　PART3 | 0955 | 3級

活動的な人のうんこは一目でわかる。

形 低い　　　　　　　　　　PART3 | 0956 | 4級

「高い」は high です。

天井が低すぎてうんこがしづらい。

loud

[laud] ラウド

The crowd screamed "Unko!" in a loud voice.

wild

[waild] ワイゥド

do unko while a wild brown bear is watching you

fresh

[freʃ] フレッシ

A piece of fresh fruit is about to fall onto the unko.

convenient

[kənvíːnjənt] コンヴィーニェント アクセント

a convenient bag to carry all your unko together

形 （音が）大きい

聴衆は<u>大き</u>な声で「うんこ！」と叫んだ。

形 野生の

<u>野生</u>のヒグマに見られながらうんこをする

形 新鮮な

<u>新鮮な</u>果実がうんこの上に落ちそうだ。

形 便利な

うんこをまとめて運べる<u>便利な</u>バッグ

elderly

PART 3 | 0961 | 準2級

[éldərli] エゥダリィ

Let's ask an elderly person about old unko.

soft

PART 3 | 0962 | 4級

[sɔːft] ソーフト

The unko fell on top of a soft cushion.

less

PART 3 | 0963 | 3級

[les] レス

熟語 less than ~

There was less information about unko than
I thought.

impossible

PART 3 | 0964 | 3級

[impásəbl] インパサボゥ アクセント

It's impossible to do unko on such a thin
stick.

形 年配の

年配の人に昔のうんこの話を聞こう。

形 やわらかい

うんこがやわらかいクッションの上に落ちた。

形 より少ない

熟語 ～未満

うんこに関する情報が思ったよりも少ない。

形 不可能な

こんな細い棒の上でうんこをするのは不可能です。

outdoor

PART 3 | 0965 | 3級

[áutdɔ̀ːr] **アウトドーァ**

Let's mind our manners when we do <u>outdoor</u> unko.

patient

PART 3 | 0966 | 準2級

[péiʃənt] **ペイシャント** 発音

They were <u>patient</u> enough to continue the search for unko.

cultural

PART 3 | 0967 | 準2級

[kʌ́ltʃərəl] **カゥチュラゥ**

<u>Cultural</u> maturity is reflected in its unko.

blind

PART 3 | 0968 | 準2級

[blaind] **ブラインド**

A <u>blind</u> man completely dodged a flying unko.

形 野外の

野外うんこはマナーを守って行おう。

形 がまん強い
名 患者

彼らはがまん強くうんこの捜索を続けた。

形 文化の

文化の成熟度はうんこに反映される。

形 目の見えない

目の見えない男が，飛んできたうんこを見事によけた。

cheerful

PART 3 | 0969 | 3級

[tʃíərfəl] チアフォゥ

比較 more cheerful-most cheerful

The principal is polishing unko and looks <u>cheerful</u>.

empty

PART 3 | 0970 | 準2級

[émpti] エンプティ

put unko and an ice pack in an <u>empty</u> box

wet

PART 3 | 0971 | 3級

[wet] ウェッ

play by sliding unko around on a <u>wet</u> floor

atomic

PART 3 | 0972 | 3級

[ətάmik] アタミク

The <u>atomic</u> structure of Danny's unko is special.

形 きげんがよい，明るい　　PART3 | 0969 | 3級

校長が<u>きげんよさ</u>そうにうんこを磨いている。

形 空（から）の　　PART3 | 0970 | 準2級

<u>空（から）の</u>箱にうんこと保冷剤を入れる

形 ぬれた　　PART3 | 0971 | 3級

<u>ぬれた</u>床の上でうんこをすべらせて遊ぶ

形 原子の　　PART3 | 0972 | 3級

ダニーのうんこは，<u>原子</u>構造が特別なのだ。

final

[fáinl] ファイナゥ

The rider did unko in his pants in the <u>final</u> race.

scary

[skéəri] スケアリィ

a <u>scary</u> story about the unko in a certain village

online

[à:nláin] アーンライン

We discussed unko in the <u>online</u> meeting.

bitter

[bítər] ビタァ

a <u>bitter</u> experience with unko

形 最終の

最終レースで騎手がうんこをもらした。

形 恐ろしい

ある村のうんこにまつわる恐ろしい話

形 オンラインの
副 オンラインで

オンライン会議でうんこについて話し合った。

形 苦い

うんこに関する苦い経験

eco-friendly

PART 3 | 0977 | 3級

[íːkoufrèndli] イーコウフレンドゥリ

Do unko that is more eco-friendly.

used

PART 3 | 0978 | 4級

[juːzd] ユーズドゥ

a store dealing in used cars and unko

huge

PART 3 | 0979 | 3級

[hjuːdʒ] ヒューヂ

The luxury cruiser crashed into a huge piece of unko.

close

PART 3 | 0980 | 5級

[klous] クロウス 発音

There is a piece of unko very close to my pillow.

形 環境に優しい

もっと環境に優しいうんこをしなさい。

形 中古の

中古車とうんこを取り扱う店

形 巨大な

豪華客船が巨大なうんこに衝突した。

形 近い

「～を閉める」は「クロウズ」ですが,「近い」は「クロウス」です。

枕とごく近い位置にうんこが置いてある。

medical

[médikl] メディコゥ

We use special <u>medical</u> tools to preserve
unko for a long time.

creative

[kriéitiv] クリエイティヴ

比較 more creative-most creative

Doing unko is clearly <u>creative</u> work, too.

attractive

[ətræktiv] アトゥレァクティヴ

The store is filled with <u>attractive</u> pieces of
unko.

tough つづり

[tʌf] タフ 発音

Doing unko after a <u>tough</u> job is the best.

形 医療の，医学の　　　　PART 3 | 0981 | 3級

特殊な<u>医療</u>器具で，うんこを長期保存いたします。

形 創造的な　　　　PART 3 | 0982 | 3級

うんこだって，立派な<u>創造的</u>作業だ。

形 魅力的な　　　　PART 3 | 0983 | 3級

t は 2 つです。

店内は<u>魅力的な</u>うんこでいっぱいだ。

形 困難な，タフな　　　　PART 3 | 0984 | 3級

<u>困難な</u>仕事を終えたあとにするうんこは格別だ。

junior

PART3 | 0985 | 4級

[dʒúːnjər] チューニャ

熟語 junior high school

Let your junior classmate have the unko.

sacred

PART3 | 0986 | 2級

[séikrəd] セイクリド **発音**

A sacred light is surrounding the unko.

precious

PART3 | 0987 | 2級

[préʃəs] プレシャス

He spent most of his precious teenage years on unko.

pop

PART3 | 0988 | 4級

[pɑp] パプ

We might say that unko is part of pop culture.

形 年下の

PART 3 | 0985 | 4級

熟語 中学校

年下の子にうんこをゆずってあげなさい。

形 神聖な

PART 3 | 0986 | 2級

うんこが神聖な光に包まれていく。

形 貴重な

PART 3 | 0987 | 2級

彼は 10 代の貴重な時間をほとんどうんこに使った。

形 大衆的な

PART 3 | 0988 | 4級

うんこは大衆的な文化の一部と言える。

super

[súːpər] スーパァ

I got a <u>super</u> cool piece of unko from my cousin.

carefully

[kéərfəli] ケアフリ

比較 more carefully-most carefully

<u>carefully</u> remove the unko from the crack

slowly

[slóuli] スロウリ

比較 more slowly-most slowly

<u>slowly</u> approach the unko with a net

tonight

[tənáit] トゥナイト

Let's stay up <u>tonight</u> and talk while we watch unko.

副 とても，すごく

いとこから，<u>とても</u>かっこいいうんこをもらった。

副 注意深く

すきまに入ったうんこを<u>注意深く</u>取り除く

副 ゆっくりと

網を持ってうんこに<u>ゆっくりと</u>近づく

副 今夜は
名 今夜

<u>今夜</u>はうんこを見ながら語り明かそう。

probably

[prάbəbli] プラバブリ

He will probably blame everything on unko.

recently

[ríːsntli] リースントゥリ （アクセント）

I haven't seen unko on TV very much recently.

somehow

[sΛmhau] サムハウ

Somehow we have to get fresh unko.

freely

[fríːli] フリーリ

You can do unko freely in any place you want.

副 たぶん

起こる確率が高い場合に使います。

<u>たぶん</u>彼は全てうんこのせいにするでしょう。

副 最近

<u>最近</u>あまりテレビでうんこを見なくなった。

副 何とかして

<u>何とかして</u>新鮮なうんこを手に入れなければ。

副 自由に

どんな場所でも<u>自由に</u>うんこをしていいんだよ。

anymore

[ènimɔ́ːr] エニモーァ

There is no one who talks badly about unko <u>anymore</u>.

shall

[ʃæl] シェァゥ

熟語 Shall I 〜?

<u>Shall we</u> parents get together and do unko together sometime?

might

[mait] マイト

The thing you just grabbed <u>might</u> be my unko.

beside

[bisáid] ビサイド

Pieces of unko are lined up <u>beside</u> the bus stop.

副 もはや（〜ない）

もはやうんこを悪く言う人はだれもいない。

助 （Shall we 〜?で）
〜しましょうか。

熟語 （私が）〜しましょうか？

今度保護者一同でいっしょにうんこでもしましょうか。

助 〜かもしれない

今きみがつかんだものは，ぼくのうんこかもしれない。

前 〜のそばに

バス停のそばにうんこが並べてある。